孤独六讲

Six lectures about loneliness

长江出版传媒
长江文艺出版社

Works Of Chiang Hsun

蒋勋

新出图证（鄂）字 03 号

图书在版编目（CIP）数据
孤独六讲 / 蒋勋著. -- 武汉：长江文艺出版社，2017.4（2020.4重印）
ISBN 978-7-5354-9283-8

Ⅰ. ①孤… Ⅱ. ①蒋… Ⅲ. ①散文集 - 中国 - 当代 Ⅳ. ①I267

中国版本图书馆 CIP 数据核字（2016）第274447号

著作权合同登记号：17-2016-317
本著作物经厦门墨客知识产权代理有限公司代理，
由作者蒋勋独家授权，在中国大陆出版、发行中文简体字版本。

策　　划：刘　平　　　　责任编辑：吴　双　今　夕
封面设计：TEAYA　　　　责任校对：许　罡
责任印制：张　涛

出版：长江出版传媒　长江文艺出版社
地址：武汉市雄楚大街 268 号　　邮编：430070
发行：长江文艺出版社
北京时代华语国际传媒股份有限公司　（电话：010-83670231）
http：//www.cjlap.com
印刷：北京中科印刷有限公司

开本：880毫米 × 1230毫米　1/32　印张：9
版次：2017 年4月第1版　2020年4月第25次印刷
字数：200千字

定价：48.00 元

目录

新版序◎

New preface

孤独是生命圆满的开始。没有和自己独处的经验，不会懂得和别人相处。

在汉字里，“孤”与“独”都不是一般人容易喜欢的字。

古书《礼记·礼运大同篇》里说：“鳏、寡、孤、独、癈疾者，皆有所养……”

“鳏”是没有妻子的男人。（男人死了妻子，常常续娶，所以现实社会里“鳏夫”不多，“鳏”这个字也越来越少用，很多人对这个字已经不熟悉了。）

“寡”是失去丈夫的女性，我们现在也还叫“寡妇”。

“孤”是没有大人照顾的孩子，我们现在汉语里还叫“孤儿”。

“独”是没有年轻人照顾的老年人，我们现在也还常说“独居老人”。

“孤”或“独”都是失去亲人照顾的人，这两个字也都有令人悲悯、哀伤、同情的意义。

在西方的语境里，“孤独”的意义很不一样。例如“solitude”，这个字，源自于拉丁文的“sol”，是“太阳”的意思。现代葡萄牙、西班牙语的“太阳”还是“sol”，法语“soleil”或意大利语“sole”的“太阳”，也还是源于这个字根。希腊语的“sol”是“惟一”的意思。

西方从“太阳”、“惟一”发展出“孤独”这个词，产生类似庄子哲学“独与天地精神往来”的自负的孤独感。

汉语从儒家人际伦理的缺失发展出“孤独”二字，总使人哀婉悲悯。

两个不同的文化，从语文开始，赋予了“孤独”不同的生命意涵。

“太阳”、“惟一”，在浩瀚的宇宙中，孤独者，对自己的存在，自信而且自负，并不需要他人怜悯。这样的“孤独”，充分认识到自我是一个独立存在的完满个体。

然而，没有父母照顾的“孤儿”，没有儿女照顾的“独居老人”，却是社会伦理上的缺憾、不完美，“孤独”也就很难成为一种正面的生命价值。

《礼运大同篇》是儒家的崇高理想，对深受儒家影响的华人而言，“鳏夫”、“寡妇”、“孤儿”、“独居老人”、“残疾者”，都应该得到社会妥善照顾，理想的“大同社会”，不应该有个人的“孤独”。

但是，生活中不孤独，可能心灵仍然孤独。

为什么在华人热闹的家族聚会、紧密的人际关系中，我们常常感觉到心境上难以言喻的“孤独”？

应酬、对话、寒暄、彼此夹菜、彼此嘘寒问暖——

“薪水多少？”

“父母好吗？”

“太太好吗？”

“孩子好吗？”

“工作累吗？”

“何时结婚？”

从小到大，我们可能不断重复着回答类似的“关心”。

我们可以不回答这些问题吗？我们可以有一点跟自己独处的时间吗？我们可以保有一点个人自己的隐私吗？

“隐私”（privacy），这似乎又是从西方翻译过来的词吧？

“私”是“自私”，崇尚“大同”的社会，能够谅解“自私”

另一层面的意义吗？像杜甫诗里说的“欣欣物自私”——春天来了，大自然里的万物，每一种植物，每一个生命，都欣欣向荣，努力完成自己。

张爱玲生活在华人的大家族中，她说：人是没有隐私的。她说：一大清早，不把门打开，就是在做坏事。即使关了门，纸糊的窗户，舔一舔也就有了可以窥探的破洞。

张爱玲的感慨很深，她经验过华人的生活，也经验过西方现代社会的生活。好像最后她宁愿选择孤独却完整的自己。

没有任何一种社会是完美的，在西方现代都市，享受孤独的自由，但也感受寂寞和荒凉。在人际关系紧密的华人社会，有人情味，我们却又渴望逃离，保有多一点的自我。

我们的一生，做父母的孩子，做丈夫的妻子、妻子的丈夫，做儿女的父母，我们很少有机会面对独立而真实的“自我”。如果没有家庭伦理的牵绊，做一个孤独的纯粹的自己，那会是什么样的自己？

也许很困难，也许还要很长时间的努力，但是，我们是否愿意试一试，“做完整的自己”。

Eros——不完整的自己

柏拉图在他著名的《飨宴篇》（Symposium）里有一段用神话说的故事。

远古时代，人类不是现今分类的男性、女性。

远古时代，人有三种，一是纯阳性，二是纯阴性，三是阴阳人。

后来因为人类得罪了神，被神惩罚，神把三种人都劈成了两半。

因此，现今的人类都是不完全的。

每一个被劈开的一半，永远都在寻找另外一半。

劈开的纯阳性，半个阳性，永远在寻找另外一半阳性。

纯阴性被劈开，半个阴性，也在寻找另外一半的阴性。

至于原来的阴阳人，劈开成两半，阴性的一半就在寻找阳性的一半，阳性一半也在寻找阴性一半。

希腊神话充满象征隐喻，使人深思。

这个神话故事好像可以用来分析今日人类社会存在的几种性别关系，阳性寻找阳性，阴性寻找阴性，阴性、阳性“男女”彼此寻找。

这三种性别关系，在希腊当时的社会都存在，希腊陶瓶上的彩绘，不难找到这几种流行于当时的社会性别关系。神话看起来是隐喻，好像荒诞不经，却也通常正是用隐晦的方法对现实社会做了真实的描述。

今天许多国家在为“多元成家”议定法案了，欧洲许多国家也已经通过立法，“家”的组织型态，不再只是单一的“阴”“阳”关系，三千年主流社会的“家”的定义，重新被思考“多元”的可能，回到每一个独立自主的个人，重新尝试各种更成熟的新型态的“家”的组织关系。

古老的神话，像是预言，使人类的文明一路走来，可以反省，也可以修正。

神话不是教条，不是结论，因此充满启发性，提供给后来者对一个问题思维辩证的逻辑过程。

柏拉图书里的这个故事，长期引发我思考的兴趣，并不在于其中隐喻的性别关系，我反复沉思着神话里说的“一半”。

依据柏拉图借神话隐喻的说法，我们每个人都是被劈开的“一半”，我们都是不完整的。

因为不完整，我们努力寻找着另外一半，如果找到了，合而为一，才能消除神的“惩罚”，我们才能从神的“诅咒”中解放出来。

我读着希腊神话，想象着自己的身体是被劈开的一半，是残缺的一半，这么孤独，无时无刻，不在寻找着另外一半，无时无刻，不在梦想找到另外一半，找到了，紧紧拥抱着，不再孤独，可以合而为一，成为完整的自己。

回忆一下，身体曾经有过的拥抱，拥抱着另外一个身体，抱得很紧，好像有一种恐惧，害怕稍一松手，那合而为一的幸福满足就要幻灭消失。

回忆一下，那曾经有过的紧紧的拥抱，闭着眼睛，沉湎在纯粹肉身记忆中，呼吸、心跳、体温、气味、触觉，彷佛在回忆没有被劈开之前的自己，完整的自己。

柏拉图《飨宴篇》核心的主题在探讨“Eros”，纯粹的肉身之爱。

如今汉字多将“Eros”翻译为“爱神”，西方图像上手拿弓箭的小童，天真烂漫，他手中的箭正是“爱欲”的诱因，被那一箭射到，就情不自禁，肉身陷入爱欲的陶醉。

华人受儒家影响，对属于“肉体”“情欲”的探讨很少，总是习惯很崇高地避开肉体情欲，升华成“礼教”。礼教的确崇高，但是失去了面对真实肉身的基础，礼教就会作假，社会也就容易充斥伪善的道德。

柏拉图《飨宴篇》借一次菁英的欢宴，围绕着“肉身爱欲”（Eros）做真实的探讨，没有结论，没有教条，却描述了我们在爱欲渴望中孤独摸索寻求的真实情境。

书写《孤独六讲》时，《情欲孤独》是我反复思维的一章。《情欲孤独》或许是亘古以来个人面对不完整自己不可解的荒凉之感吧。

拥抱着另外一个身体，好像找到了，热泪盈眶，然而，或许又要幻灭。仿佛，再也回不去没有被劈开以前的自己，完整的自己。漫漫长途，我们还是要如此孤独寻索下去，天涯海角，还是要找寻那失落的另外一半。

我想在一个城市的角落孤独坐着，看人来人往，看忙碌于生活中的众生，有片刻孤独，坐下来，为自己泡一杯茶，为自己按摩一下疲倦的肩膀，跟自己在一起，听自己内在的声音，做自己的朋友，更爱自己一点。

你要足够完整，才能健康地去爱其他的人，去照顾和负担其他的人。

孤独的核心价值是——跟自己在一起。

2016年冬　蒋勋于台湾八里淡水河畔

自序

At the Preface

美 学 的 本 质 或 许 就 是 孤 独 。

我写过一篇小说叫《因为孤独的缘故》，后来成为一本小说集的书名。

二〇〇二年台湾联合文学举办一个活动，以“孤独”为主题，邀我作了六场演讲，分别是：情欲孤独、语言孤独、革命孤独、暴力孤独、思维孤独和伦理孤独。

我可以孤独吗？

我常常静下来问自己：我可以更孤独一点吗？

我渴望孤独，珍惜孤独。

好像只有孤独，生命可以变得丰富而华丽。

我拥抱着一个挚爱的身体时，我知道，自己是彻底的孤独的，我所有的情欲只是无可奈何的占有。

我试图用各种语言与人沟通，但我也同时知道，语言的终极只是更大的孤独。

我试图在家族与社会里扮演一个圆融和睦的角色，在伦理领域与每一个人和睦相处，但为什么，我仍然感觉到不可改变的孤独？

我看到暴力者试图以枪声打破死寂，但所有的枪声只是击向巨大空洞的孤独回声。

我听到革命者的呼叫：掀翻社会秩序，颠覆阶级结构！但是，革命者站在文明的废墟上喘息流泪，他彻底知道革命者最后宿命的孤独。

其实美学的本质或许是——孤独。

人类数千年来不断思维，用有限的思维图解无限的孤独，注定徒劳无功吧。

我的《孤独六讲》在可懂与不可懂之间，也许无人聆听，却陪伴我度过自负的孤独岁月。

我的对话只是自己的独白。

蒋勋

二〇〇七年七月二十一日

孤独没有什么不好。使孤独变得不好，
是因为你害怕孤独。

开篇

At the Beginning

情欲孤独

孤独，是我一直想谈论的主题。

有很长的一段时间，每天早上起来翻开报纸，在所有事件的背后，隐约感觉到有一个孤独的声音。不明白为何会在这些热闹滚滚的新闻背后，感觉到孤独的心事，我无法解释，只是隐隐约约觉得，这个匆忙的城市里有一种长期被忽略、被遗忘，潜藏在心灵深处的孤独。

我开始尝试以另一种角度解读新闻，不论谁对谁错，谁是谁非，而是去找寻那一个隐约的声音。

于是我听到了各种年龄、各种角色、各个阶层处于孤独的状态下发出的声音。当社会上流传着一片暴露个人隐私的光碟时，我感觉到被观看者内心的孤独感，在那样的时刻，她会跟谁对话？她有可能跟谁对话？她现在在哪里？她心里的孤独是什么？这些问题在我心里旋绕了许久。

我相信，这里面有属于法律的判断、有属于道德的判断，而属于法律的归法律，属于道德的归道德；有一个部分，却是身在文学、美学领域的人所关注的，即重新检视、聆听这些角色的心事。当我们随着新闻媒体喧哗、对事件中的角色指指点点时，我们不是在聆听他人的心事，只是习惯不断地发言。

愈来愈孤独的社会

我的成长，经历了社会几个不同的发展阶段。小时候家教严格，不太有机会发言，父母总觉得小孩子一开口就会讲错话。记得过年时，家里有许多禁忌，许多字眼不能讲，例如“死”或是死的同音字。每到腊月，母亲就会对我耳提面命。奇怪的是，平常也不太说这些字的，可是一到这个时节就会脱口而出，受到处罚。后来，母亲也没办法，只好拿张红纸条贴在墙上，上面写着“童言无忌”，不管说什么都没有关系了。

那个时候，要说出心事或表达出某些语言，会受到很多约束。于是我与文学结了很深的缘。有时候会去读一本文学作品，与作品中的角色对话或者独白，那种感觉是孤独的，但那种孤独感，深为此刻的我所怀念，原因是，在孤独中有一种很饱满的东西存在。

现在信息愈来愈发达了，而且流通得非常快。除了电话以外，还有答录机、简讯、传真机、e-mail 等联络方式——每次旅行回来打开电子信箱，往往得先杀掉大多数的垃圾信件后，才能开始“读信”。

然而，整个社会却愈来愈孤独了。

感觉到社会的孤独感约莫是在这几年。不论是打开电视或收听广播，到处都是 call in 节目。那个沉默的年代已不存在，每个人都在表达意见，但在一片 call in 声中，我却感觉到现代人加倍的孤独感。尤其在 call in 的过程中，因为时间限制，往往只有几十秒钟，话没说完就被打断了。

每个人都急着讲话，每个人都没把话讲完。

快速而进步的通讯科技，仍然无法照顾到我们内心里那个巨大而荒凉的孤独感。

我忽然很想问问那个被打断的听众的电话，我想打给他，听他把话说完。其实，在那样的情况下，主持人也会很慌。于是到最后，连 call in 说话的机会都没有了，直接以选择的方式：赞成或不赞成，然后在屏幕上，看到两边的数字一直跳动一直跳动……

我想谈的就是这样子的孤独感。因为人们已经没有机会面对自己，只是一再地被刺激，要把心里的话丢出去，却无法和自己对谈。

害怕孤独

我要说的是，孤独没有什么不好。使孤独变得不好，是因为你害怕孤独。

当你被孤独感驱使着去寻找远离孤独的方法时，会处于一种非常可怕的状态；因为无法和自己相处的人，也很难和别人相处，无法和别人相处会让你感觉到巨大的虚无感，会让你告诉自己：“我是孤独的，我是孤独的，我必须去打破这种孤独。”你忘记了，想要快速打破孤独的动作，正是造成巨大孤独感的原因。

不同年龄层所面对的孤独也不一样。

我这个年纪的朋友，都有在中学时代，暗恋一个人好多好多年，对方完全不知情的经验，只是用写诗、写日记表达心情，难以想象那时日记里的文字会纤细到那么美丽，因为时间很长，我们可以一笔一笔地刻画暗恋的心事。这是一个不快乐、不能被满足的情欲吗？我现在回想起来，恐怕不一定是，事实上，我们在学习着跟自己恋爱。

对许多人而言，第一个恋爱的对象就是自己。在暗恋的过程，开始把自己美好的一面发展出来了。有时候会无缘无故地站在绿荫繁花下，呆呆地看着，开始想要知道生命是什么，开始会把衣服穿得更讲究一点，走过暗恋的人面前，希望被注意到。我的意思是说，当你在暗恋一个人时，你的生命正在转换，从中发展出完美的自我。

前几年我在大学当系主任时，系上有一个女学生，每天带着睡眠不足的双眼来上课，她告诉我，她同时用四种身份在网络上交友，每一个角色有一个名字（代号）及迥异的性格，交往的人也不同。我很好奇，开始上网了解这种年轻人的交友方式，我会接触计算机和网络也要归功于她。

情欲的孤独，在本质上并无好与坏的分别，情欲是一种永远不会变的东西，你渴望在身体发育之后，可以和另外一个身体有更多的了解、拥抱，或爱，你用任何名称都可以。因为人本来就是孤独的，犹如柏拉图在两千多年前写下的寓言：每一个人都是被劈开成两半的一个不完整个体，终其一生在寻找另一半，却不一定能找到，因为被劈开的人太多了。

有时候你以为找到了，有时候你以为永远找不到。柏拉图在《会饮篇》里用了这个了不起的寓言，正说明了孤独是人类的本质。

在传统社会里，有很长的一段时间，我们都以为找到了另外一半，那是因为一生只有一次机会，找对找不对，都只能认了。但现在不一样了，如我的学生，她用四种身份在寻找，她认为自己有很大的权力去寻找最适合的那一半，可是我在想的是：是不是因此她的机会比我的多？

我是说，如果我只有一种身份，一生只能找一次，和现在她有四种身份，找错了随时可以丢掉再找相比，是不是表示她有更多的机会？我数学不好，无法做比较。可是我相信，如柏拉图的寓言，每个人都是被劈开的一半，尽管不同的文化、不同的哲学对这个问题有不同的解释，但孤独绝对是我们一生中无可避免的命题。

“我”从哪里来？

后面我还会谈到伦理孤独，会从中国的儒家文化谈起。儒家文化是最不愿意谈孤独的，所谓五伦，所谓君君、臣臣、父父、子子的关系，都是在阐述一个生命生下来后，与周边生命的相对关系，我们称之为相对伦理，所以人不能谈孤独感。感到孤独的人，在儒家文化中，表示他是不完整的。如果是父慈子孝、兄友弟恭、夫妻和睦，那么在父子、兄弟、夫妻的关系里，都不应该有孤独感。

可是，你是否也觉得，儒家定义的伦理是一种外在形式，是前述那种“你只能找一次，不对就不能再找”的那种东西，而不是你内心底层最深最荒凉的孤独感。

“我可以在父母面前感觉到非常孤独。”我想，这是一句触怒儒家思想的陈述，却是事实。在我青春期的岁月中，我感到最孤独的时刻，就是和父母对话时，因为他们没有听懂我在说什么，我也听不懂他们在说什么。而这并不牵涉我爱不爱父母，或父母爱不爱我的问题。

在十二岁以前，我听他们的语言，或是他们听我的语言，都没有问题。可是在发育之后，我会偷偷读一些书、听一些音乐、看一些电影，却不敢再跟他们说了。我好像忽然拥有了另外一个世界，这个世界是私密的，我在这里可以触碰到生命的本质，但在父母的世界里，我找不到这些东西。

曾经试着去打破禁忌，在母亲忙着准备晚餐时，绕在她旁边问：“我们从哪里来的？”那个年代的母亲当然不会正面回答问题，只会说："捡来的。"多半得到的答案就是如此，如果再追问下去，母亲就会不耐烦地说："胳肢窝里长出来的。"

其实，十三岁的我问的不是从身体何处来，而是"我从哪里来，要往哪里去？"是关于生与死的问题，犹记得当时日记上，便是充满了此类胡思乱想的句子。有一天，母亲忽然听懂了，她板着脸严肃地说："不要胡思乱想。"

这是生命最早最早对于孤独感的询问。我感觉到这种孤独感，所以发问，却立刻被切断了。

因为在儒家文化里、在传统的亲子教养里，没有孤独感的立足之地。

我开始变得怪怪的，把自己关在房间里，不出来。母亲便会找机会来敲门："喝杯热水。"或是："我炖了鸡汤，出来喝。"她永远不会觉得孤独是重要的，反而觉得孤独很危险，因为她不知道我在房间里做什么。

对青春期的我而言，孤独是一种渴望，可以让我与自己对话，或是从读一本小说中摸索自己的人生。但大人却在房外臆测着：这个小孩是不是生病了？他是不是有什么问题？为什么不出来？

张爱玲是个了不起的作家。她说，在传统的中国社会里，清晨五、六点，你起来，如果不把房门打开，就表示你在家里做坏事。以前读张爱玲的小说，不容易了解，但她所成长的传统社会就是如此。跟我同样年龄的朋友，如果也是住在小镇或是村落里，应该会有串门子的记忆，大家串来串去的，从来没有像现在说的隐私，要拜访朋友前还要打个电话问："我方不方便到你家？"以前的人不会这样问。我记得阿姨来找妈妈时，连地址也不带，从巷口就开始叫喊，一直叫到妈妈出去，把她们接进来。

儒家文化不谈隐私，不注重个人的私密性。从许多传统小说中，包括张爱玲的，都会提到新婚夫妻与父母同住，隔着一道薄薄的板壁，他们连晚上做爱，都不敢发出声音。一个连私人空间都不允许的文化，当然也不存在孤独感。

因而我要谈的不是如何消除孤独，而是如何完成孤独，如何给予孤独，如何尊重孤独。

不允许孤独

很多人认为儒家文化已经慢慢消失，我不以为然。时至今日，若是孤独感仍然不被大众所了解，若是个人隐私可以被公开在媒体上，任人指指点点，就表示儒家文化还是无远弗届。我在欧洲社会里，很少看到个人隐私的公开，表示欧洲人对于孤独、对于隐私的尊重，以及对于公领域与私领域的划分已经非常清楚，同时，他们也要求每一个个体必须承担自己的孤独。

我们可以从两个方面来看这个问题，一方面我们不允许别人孤独，另一方面我们害怕孤独。我们不允许别人孤独，所以要把别人从孤独里拉出来，接受公共的检视；同时我们也害怕孤独，所以不断地被迫去宣示：我不孤独。

一九四九年，中国大陆经历了一次翻天覆地的大革命，七〇年代我到欧洲读书时，认识了很多从大陆出来的留学生，他们在五〇年代、六〇年代时都在大陆。他们告诉我：在任何反右运动中，都不要做第一个发言和最后一个发言的人，就看发言得差不多了，大概知道群体的意思时才发言，也不能做最后一个，因为容易受批判。

这是一个非常典型的儒家思想，没有人敢特立独行，大家都遵守着“中庸之道”，不做第一，也不做最后。儒家思想歌颂的是一种群体文化，我要特别申明的是，并不是认为歌颂群体的文化不好，事实上儒家思想是以农业为基础，一定和群体有关。所谓的群体是指大家要共同遵守一些规则，社群才能有其生存的条件，特别是在穷困的农业社会中。而特立独行是在破坏群体，就会受到群体的谴责。

五四运动是近代一个非常重要的分水岭，代表着人性觉醒的过程。有时候我们称它是白话文运动，但我不认为是这么简单。它所探讨的是人性价值的改变，基本上就是对抗儒家文化、对抗群体。五四运动喊的两个口号：德先生（民主）和赛先生（科学），其中德先生 democracy，源自希腊文，意指即使是代表极少数的一个个体，都受到应有的尊重，这便是民主的基础。但在群体中，无暇顾及少数的个体，不要说一个，就是三分之一的人，还是不如其他的三分之二。

鲁迅是五四运动一个重要的小说家。他的小说《离婚》或《在酒楼上》，都是讲一个孤独者面对群体压力时痛不欲生的包袱。《狂人日记》里快发疯的主角，他用了“礼教吃人”指控，村落中从三个男人议论一个女人的贞节，变成一群男人议论一个女人的贞节，最后不通过任何法律的审判，就在祠堂里给她刀子、绳子和毒药，叫她自己了结。这就是群体的公权力大于任何法律。

沈从文在一九二〇年代也发表了一篇了不起的小说，讲一个风和日丽、阳光灿烂的日子，一对男女在路上走，握着手，稍微靠近了一点，就被村人指责是伤风败俗，抓去见县太爷。县太爷当下拍板说："你们这对狗男女！"结果这是一对侗族的夫妻，不似汉族的压抑，他们恋爱时就会唱歌、跳舞、牵手。我们现在读沈从文的故事，会觉得很荒谬，竟然村人会劳师动众，拿着刀斧出来，准备要砍杀这对狗男女，最后才发现他们是夫妻。

对抗群体文化

包括我自己在内，许多朋友刚到巴黎时会觉得很不习惯。巴黎的地铁是面对面的四个座位，常常可以看到对面的情侣热烈地亲吻，甚至可以看到牵连的唾液，却要假装看不见，因为"关你什么事？"这是他们的私领域，你看是你的不对，不是他们的不对。

我每次看到这一幕，就会想起沈从文的小说。这是不同的文化对孤独感的诠释。

希腊神话里的普罗米修斯（Prometheus）甘犯奥林匹克山上众神的禁忌，将火带到人间，因此受到宙斯的惩罚，以铁链将他锁铐在岩石上，早上老鹰会用利爪将他的胸口撕裂，嚼食他的心肝肺；到了晚上，伤口复元，长出新的心肝肺，忍受日复一日遭到猎食的痛苦。这是希腊神话中悲剧英雄（hero）的原型，但在现实社会中，我们从来不会觉得一个因为特立独行而被凌迟至死的人是好人。

鲁迅的小说《药》，写的是秋瑾的故事。当时村子里有个孩子生了肺病，村人相信医治肺病唯一的方法，就是吃下蘸了刚刚被砍头的人所喷出来的血的馒头。强烈的对比，是这部小说惊心动魄之处：一方面是一个希望改变社会的人被斩首示众；另一方面是愚昧的民众，拿了个热馒头来蘸鲜血，回去给他的孩子吃。我相信，五四运动所要对抗的就是这一种存在于群体文化中愚昧到惊人的东西，使孤独的秋瑾走上刑场，值得吗？她的血只能救助一个得肺痨的孩子？

鲁迅的小说如《狂人日记》《药》等，都是在触碰传统社会所压抑的孤独感；他的散文更明显，如以孤独为主题的《孤独者》等。鲁迅是一个极度孤独的人，孤独使他一直在逃避群体，所以我们看到他作为一个作家、文学家，最重要的是他要维持他的特立独行、维持他的孤独感，因为他成名了，影响了那么多人。他最早发表作品在《新青年》杂志上，所以《新青年》这一批人便拥护他为旗手。可是孤独者不能当旗手，一旦成为旗手，后面就会跟着一群人，孤独成了矛盾，他必须出走。他走出去了，却又被左翼联盟推为领袖，共产党并认为他是最好的文学家，他害怕被卷入群体之中，只好再次出走……

他一直在出走，因为作为一个社会心灵的思考者，他必须保有长期的孤独。

破碎的孤独感

前述是广义的儒家文化，因为重视伦理之间的相互关系，会压抑个体的孤独感，使之无法表现。而汉武帝独尊儒术以降，儒家文化就是正统文化，为历代君主所推崇，祭孔成为君主的例行性行程，儒家文化不再只是一种哲学思想，而是因为政治力的渗入成为“儒教”，成为维持群体架构的重要规范，连孔子也无可奈何。在这样的情况下，孤独感是破碎的，个体完全无法与之抗衡。

幸好，我们还有老庄。老庄是比较鼓励个人孤独、走出去的思想，在庄子的哲学里，明言“独与天地精神往来”，一个人活着，孤独地与天地精神对话，不是和人对话。这是在巨大的儒学传统中的异端，不过这个了不起的声音始终无法成为正统，只成为文人在辞官、失意、遭遇政治挫折而走向山水时某一种心灵上的潇洒而已，并没有办法形成一种完整的时代氛围。

历史上有几个时代，如魏晋南北朝，儒教的势力稍式微，出现了一些孤独者如竹林七贤，可是这些时代不会成为如汉、唐、宋、元、明、清等“大时代”。我常对朋友说，读竹林七贤的故事，就能看见中国在千年漫长的文化中鲜少出现的孤独者的表情，但这些人的下场多半是悲惨的。他们生命里的孤独表现在行为上，不一定著书立说，也不一定会做大官，他们以个人的孤独标举对群体堕落的对抗。我最喜欢魏晋南北朝竹林七贤的“啸”，这个字后来只保留在武侠小说，因为“侠”还保有最后的孤独感，“士”则都走向官场了。

武侠小说里也有巨大的孤独感，所以许多人喜欢阅读。你看黄药师可不是一个怪人？所有金庸笔下的人物都是如此，他们是孤独的，闭关苦练着一个没有人知道的招式，像古墓派的小龙女，何尝不是一个“活死人”？所谓“活死人”就是要对抗所有活着的人，当活人不再是活人，死人才能活过来。这是一种颠覆的逻辑。我们都曾经很喜欢读武侠小说，因为当小说中的人物走向高峰绝顶时，其实就是一种精神上的孤独和荒凉。

寻找情欲孤独的宣泄口

中学时代大概是我情欲最澎湃的时候。当时班上虽然也会流传着一些黄色照片、黄色小说，但是不多。班上男同学一边吃便当一边看的是武侠小说，武侠小说远比黄色小说多得多，很少有老师会知道这件事情。情欲是会转换的，在极度的苦闷当中，会转换成孤独感，否则很难解释这件事情，因为情欲的发泄很容易，看黄色照片、读黄色小说可以轻易解决生理上的冲动，孤独却依旧在。我们常忽略了一件事：青少年时期情欲的转化是非常精彩的过程。

我比较特别，那个时候不是读武侠小说，而是受姐姐的影响，读了《红楼梦》，读了《简·爱》，读了一些比较文学的作品，但情欲转化的本质是相同的。情欲最低层次的表现就是看A片、看黄色小说，诉诸感官刺激，而感官刺激往往会使自己愈加孤独，所以转为阅读武侠或其他文学小说。

记得班上同学常常在研究要去哪里拜师、哪座山上可能有隐居高人、什么样的武功可以达到《达摩易筋经》的程度……有个同学还真的写了一本厚厚的“达摩易筋经”出来。那是不可思议的情欲的转换，他们在积极寻找生命的另一个出口。

女性的身体构造与心理和男性有很大的不同，我不太了解，但是如果我们能把那个时候流行看的《窗外》等小说做个整理，应该也可以发现情欲转换的端倪。

《窗外》说的是一个女子学校的学生爱恋老师的故事，通俗的剧情却让许多人落泪，这不是文学价值的问题，而是读者心里不可告人的孤独感得到了初步层次的满足。我讲的是“初步层次”，它可以更高的，当我们面对孤独的形式不一样时，得到的答案也会不一样。

所以谈情欲孤独，青少年是一个很重要的阶段。如果说情欲孤独是因为受到生理发育的影响，那么传统经典中有哪一些书是可以使情欲孤独得到解答？《论语》吗？《大学》吗？《中庸》吗？或是“十三经”的任何一部？也许《诗经》还有一点，“关关雎鸠，在河之洲，窈窕淑女，君子好逑”，借用鸟类来比喻男女的追求，可是到末了却说：这是“后妃之德”，不是情欲。

传统经典里没有情欲孤独的存在，都被掩盖了，那么处在这个文化下的青少年，该如何解决他的孤独？我现在回想起来，我的青少年时期就是在背《论语》、背《大学》、背《中庸》，这些绝对不是坏东西，但是和青春期的对话太少了。

反而是《红楼梦》比较贴近当时的自己。当我看到十三岁的贾宝玉也有性幻想，甚至在第六回里写到了梦遗，我吓了一跳，“宝玉怎么会发生这种事？”即使现在看起来，很多人还是会觉得耸动。但这是一个诚实的作家，他告诉你宝玉十三岁了，一个十三岁的男孩发生这样的事一点也不意外。然而，这是一部小说，一部在很长一段时间里大人禁止小孩阅读的小说。更有趣的是，我们看到十三岁的宝玉、黛玉偷偷看的书，是古典文学里的《牡丹亭》《西厢记》，他们两个人偷看《西厢记》，后来闹翻了，林黛玉说："我去告诉舅舅，他一定会把你打个半死。"因为那是不能看的禁书。

若连最古典、最优雅的《牡丹亭》《西厢记》都是禁书，我们就能窥见在传统文化中情欲孤独受到压抑的严重性。

竹林七贤的孤独

然而，历朝历代不乏有人对儒家教条提出反击，如前面提到的竹林七贤，他们做了很大的颠覆，但是痛苦不堪。我提到了"啸"这个字，口字边再一个严肃的"肃"，那是一个孤独的人走向群山万壑间张开口大叫出来的模样。我们现在听不到阮籍和其他竹林七贤的啸，可是《世说新语》里说，当阮籍长啸时，山鸣谷应，震惊了所有的人，那种发自肺腑、令人热泪盈眶的呐喊，我相信是非常动人的。很多人以为"啸"是唱歌，其实不然，就像鲁迅的集子取名"呐喊"一样，都是从最大的压抑中狂吼出来的声音。而这些孤独者竟会相约到山林比赛发出这种不可思议的啸声，大家不妨看看《世说新语》，便会了解"啸"其实是一个极其孤独的字，后来保留在武侠小说《啸傲江湖》中，但后人都以谐音字讹传为"笑傲江湖”，不复见从心底嘶叫呐喊出的悲愤与傲气。

竹林七贤一生没有完成什么伟大的事业，他们没有达成儒家文化的要求，“为天地立心，为生民立命，为往圣继绝学，为万世开太平”，这句话从我五岁时开始背诵，但到了十三岁情欲混乱时，读这些会让内心翻搅的欲望沉淀吗？当然不会，这些经典是伟大的思想，但不是一个青春期的孩子所需要去感受的。

没有人告诉我们为什么阮籍会跑到山林里大叫。父母师长都不觉得阮籍在历史里是重要的人物。

特立独行等于大逆不道

阮籍还有一则故事也很有趣。有一次他到邻居家，邻居不在妻子在，而其妻子长得特别美丽，阮籍没有马上告辞反而跟她聊得很开心，最后趴在桌上睡着了，因而闹得沸沸腾腾，流言四起。还有一次，阮籍的嫂子回娘家，阮籍和她告别。有人以此嘲笑他，阮籍却说：“礼岂为我辈设也？”

这里面有一个很好玩的现象，到今天还是如此。美如果加上特立独行，就会变成罪，记得小时候头发稍跟别人不一样，就会受到指责，因为大家应该遵守共同的标准。例如我家有鬈发的遗传，常被误会是烫发，爸爸还曾经写了一封信让我带给教官，证明鬈发不是烫的，但教官把信揉了，大声说："你们还说谎。"那是我记忆中很深刻的事，为什么头发不一样有这么严重?

大家有没有发现，要求群体规则的社会，第一个害怕的歧异就是头发，不管是军队或是监狱，第一个要去除的就是头发，犹如神话中的大力士参孙，一剪了头发就没有力气，头发是一种象征，是个体追求自由最微末的表现。所以清兵入关时，公告"留头不留发，留发不留头"，发竟然和头有同等的重要性。

高中时，女生流行穿迷你裙，我们经常在校外看到一个女生的裙子好短好短，可是一接近校门，她把宽皮带解开，裙子竟然变长了！这是我第一次发现原来女生有这么多秘密。

头发和装扮是自己的事，但在群体社会里，却变成众人之事。当群体思想大到一个程度时，没有人敢跟别人不一样；女孩子想要展露自己美丽的大腿，却不愿违反学校的规则，情愿麻烦一点在进校门前解开皮带。因为在这样的规则下，特立独行就是大逆不道。

然而，一个成熟的社会应该是鼓励特立独行，让每一种特立独行都能找到存在的价值，当群体对特立独行做最大的压抑时，人性便无法彰显了。我们贡献自己的劳动力给这个社会，同时也把生命价值的多元性牺牲了。

文化对情欲的压抑

我最常讲阮籍的四件事，除了登高长啸、穷途而哭以及在邻居妻子面前睡着了，还有一件事，是母亲过世时，他不哭。按儒教传统，即使要用锥子刺自己都是要哭的，不哭是不孝，真的哭不出来，也得请五子哭墓。但阮籍不哭，宾客吊丧时哭成一团，他无动于衷，然而母亲下葬时，他却吐血晕厥过去……这是他表现忧伤的方式，他认为母亲过世是我自己的事，为什么要哭给别人看？

但如果你仔细观察，便会发现在群体文化中，婚礼丧礼都是表演，与真实的情感无关。

当中国传统儒教的群体文化碰到个体（individual）就产生了竹林七贤，他们是特立独行的个体，活得如此孤独，甚至让旁人觉得悲悯，而要问：“为什么要这么坚持呢？”

这个社会上的阮籍愈来愈少，就是因为这句话。我当老师的时候，也曾经对一个特立独行的学生说：“你干嘛这样子？别人都不会。”说完，我突然觉得好害怕。

回想我在大学时，也曾经特立独行，我的老师对我说过一样的话。我不知道这句出于善意和爱的话，对孤独者有什么帮助？或者，反而是伤害了他们，让他们的孤独感无法出现。

近几年来，我常在做忏悔和检讨。在大学任教这么久，自认为是一个好老师，却也曾经扮演过压迫孤独者的角色。有一次看到女学生为了参加舞会，凌晨两点钟在围墙铁丝网上叠了六床棉被，一翻而过；我告诉她们要处罚背诗、写书法，但不会报告教官。其实我心里觉得她们很勇敢，但还是劝她们回去了，我不知道自己在做什么（虽然后来她们还是跳出来了）。更有趣的是，这个铁丝网曾经让校长在校务会议上得意地对我说，这是德国进口犹太人集中营专用的圆形铁丝网，各面都可以防范——可是二十岁上下的女孩子，你关都关不住。

《牡丹亭》说的也是同样的故事，十六岁的杜丽娘怎么关都关不住，所以她游园惊梦，她所惊的梦根本是个春梦。

无法仰天长啸

后来如何大彻大悟呢？因为一个学生。学运刚刚开始，有个学生在校园里贴了张布告，内容是对学校砍树的事感到不满，这个人是敢做敢当的二愣子，把自己的名字都写了上去。认同的拊掌叫好，说他伸张正义，敢跟校长意见不同，还有人就在后面写了一些下流的骂校长的话，但他们都没有留名字，只有二愣子被抓去了。

学校决定要严办此事，当时我是系主任，便打电话给校长，校长说："我要去开会，马上要上飞机了。"我说："你给我十分钟，不然我马上辞职。"后来我保住了这个学生，没有受到处罚。但是当我把这个学生叫来时，他对我说："你为什么要这样做？你为什么不让他们处罚我？"我到现在还在想这件事。

在群体文化里，二愣子很容易受到伤害，因为他们很正直，有话直说，包括我在内，都是在伤害他。我用了我的权力去保护他，可是对他来讲，他没有做错，为什么不让他据理力争，去向校长、向训导单位解释清楚，让他为自己辩白？

不管是爬墙的女孩，或是这个贴海报的学生，都是被我保护的，但是，我自以为是的保护，其实就是在伤害他们的孤独感，使孤独感无法完成——我在设法让他们变得和群体一样。

如阮籍等人都是被逼到绝境时，他们的哭声才震惊了整个文化，当时如果有人保护他们，他们便无法仰天长啸。

活出孤独感

竹林七贤之嵇康娶公主为妻，是皇家的女婿，但他从未利用驸马爷的身份得名得利，到了四十岁时遭小人陷害，说他违背社会礼俗，最后被押到刑场砍头。他究竟做了什么伤风败俗的事？不过就是夏天穿着厚棉衣在柳树下烧个火炉打铁。这不是特立独行吗？这不是和群体的理性文化在对抗吗？而这是法律在判案还是道德在判案？

嵇康被押上刑场的罪状是“上不臣天子，下不事王侯，轻时傲世，无益于今，有败于俗”，这个罪状留在历史里，变成所有人的共同罪状——我们判了一个特立独行者的死刑。

嵇康四十岁上了刑场，幸好有好友向秀为他写了《思旧赋》，写到他上刑场时，夕阳在天，人影在地。嵇康是一个美男子，身长七尺八寸，面如冠玉，当他走出来时，所有人都被惊动，因为他是个大音乐家，在临刑前，三千太学生还集体跪下求教，然而，嵇康弹了一曲《广陵散》后叹曰：“广陵散于今绝矣！”

有人说，嵇康怎么这么自私，死前还不肯将曲谱留下？但嵇康说，不是每一个人都配听《广陵散》。如果活不出孤独感，如果做不到特立独行，艺术、美是没有意义的，不过就是附庸风雅而已。

每次读向秀写的《思旧赋》总会为之动容，生命孤独的出走，却整个粉碎在群体文化的八股教条之下。

竹林七贤的孤独感，毕竟曾经在文化中爆放出一点点的光彩，虽然很快就被掩盖了，在一个大一统的文化权威下，个人很快就隐没在群体中，竹林七贤变成了旁人不易理解的疯子，除了疯子谁会随身带把锄头，告诉别人，我万一死了，立刻就可以把我给埋葬？

然而，孤独感的确和死亡脱离不了关系。

生命本质的孤独

儒家的群体文化避谈死亡一如避谈孤独，一直影响到我母亲那一代腊月不谈“死”或其谐音字的禁忌。即使不是腊月，我们也会用各种字来代替“死”，而不直接说出这个字，我们太害怕这个字，它明明是真实的终结，但我们还是会用其他的字代替：去世、过世、西归、仙游、升天……都是美化“死”的字词。

死亡是生命本质的孤独，无法克服的宿命。法国存在主义哲学家萨特说过，人从出生那一刻起，就开始走向死亡。他有一篇很精彩的小说《墙》，写人在面对死亡时的反应。他一直在探讨死亡，死亡是这么真实。庄子也谈死亡，他最喜欢做的事就是凝视一个骷髅，最后他就枕着骷髅睡觉。睡着之后，骷髅就会对他说话，告诉他当年自己是个什么样的人。这是庄子迷人的地方，他会与死亡对话。

相反地，孔子好不容易有个特立独行的学生，问他死亡是什么？马上就挨骂了：“未知生，焉知死？”可是，怎么可能不问死亡呢？死亡是生命里如此重要的事情，一个文化如果回避了死亡，其实是蛮软弱了。儒家文化固然有乐观、积极、奋进的一面，但是我觉得儒家文化最大的致命伤，就是始终不敢正视死亡。

儒家谈死亡非得拉到一个很大的课题上，如“舍生取义”、“杀身成仁”，唯有如此死亡才有意义。所以我们自小接受的训练就是要用这样的方式死亡，可是人的一生有多少次这种机会？

小时候我总是认为，如果看到有人溺水，就要不假思索地跳下去救他，不管自己会不会游泳，如果不幸溺死了，人们会为我立一个铜像，题上“舍生取义”。

一个很伟大的哲学最后变成一个很荒谬的教条。

如果在生命最危急的情况下，对其感到不忍、悲悯而去救助，甚至牺牲自己的生命，绝对是人性价值中最惊人的部分。但是，如果是为了要“成仁”而“杀身”，就变成一个值得思考的问题了。

就好比，如果我背上没有“精忠报国”这四个字，我是不是就不用去报国了？

孤独与伦理规范

忠、孝究竟是什么？当我们在谈孤独感时，就必须重新思考这些我们以为已经很熟悉的伦理规范。文化的成熟，来自于多面向的观察，而不是单向的论断。儒家文化有其伟大之处，孔子的哲学也非常了不起，但当一个思想独大之后，缺乏牵制和平衡，就会发生许多问题。检视这些问题并非去否认问题，不能说“今日儒家文化已经式微了”，我们最底层的价值观、伦理观以及语言模式，在本质上都还是受儒家的影响，而这里所说的“儒家”早已跳脱哲学的范畴，而是一种生活态度，就像我习惯在校园发现问题时立刻以系主任的职权去维护学生，这也是“儒家”，为什么我不让它成为一个议题，公开讨论？

生命里第一个爱恋的对象应该是自己，
写诗给自己，与自己对话，
在一个空间里安静下来，
聆听自己的心跳与呼吸。

在我们的社会中缺乏议题，包括情欲都可以成为一个议题。

从法国回来后，我的第一份工作是在私立大学任职，是校内十三位一级主管之一，当时学生如果要记大过，就必须开会，由十三位主管都同意签字后才能通过。这件事通常是由训导单位决定，到会议上只是做最后的确认，不会有太大的争议。我第一年参加时看到一个案例，那是一九七七年发生的事，一个南部学生到北部读书，在外租屋；房东写了一封信给学校，说这个学生素行不良，趁他不在时勾引他的老婆，学校就以此为罪状，要学生退学。我觉得应该要了解背后的因由，当下不愿意签字，当我提出看法时，听到旁边有个声音说："蒋先生毕竟是从法国回来的，性观念比较开放。"

听了，我吓一跳，我还没来得及说明，就已经被判定了。

不管是这个案例或是前面提到的自我反省，其实都是不自觉地受到群体文化的影响，许多事情都变成了"想当然耳"，即使事后发现不是如此，也不会有人去回想为什么当初会"想当然耳"。

孤独感的探讨一定要回到自身，因为孤独感是一种道德意识，非得以检察自身为起点。群体的道德意识往往会变成对他人的指责，在西方，道德观已经回归到个体的自我检视，对他人的批判不叫道德，对自己行为的反省才是。

苏格拉底被判处死刑时，学生要他逃走，他在服刑和逃跑之间，选择了饮下毒堇汁而死，因为他认为他的死刑是经过民主的投票，他必须遵守这样子的道德意识，接受这样子的结局。这才是道德，非如今日社会中，从上至下，不管是政治人物或市井小民，都在振振有辞地指着别人骂：不道德！

我相信有一天，孤独感会帮助我们重新回过头来检视道德意识，当其时道德情操才会萌芽。就像阮籍不在母亲丧礼上哭，让所有的人说他不孝，而看到他吐血的只有一个朋友，便把这件事写在《世说新语》。他不是没有道德，而是他不想让道德情操变成一种表演。

当道德变成一种表演，就是作假，就会变成各种形态的演出，就会让最没有道德的人变成最有道德的人，语言和行为开始分离。

对生命的怀疑

我出版过一些书，谈了美学，谈过诗，写了一些小说和散文，我想我最终的著作应该是一本忏悔录。我相信，最好的文学是一本最诚实的自传，目前我还没有勇气把它写出来，但已经在酝酿，我也知道这会是我最重要的功课。我是要跳回去做一个和稀泥的人，去掩饰跳墙、记过的事件，还是要做阮籍或嵇康？

这就是我的选择了。

我想，台湾应该是一个可以有距离地去对抗儒家文化传统的地方，奈何我们既隔离在外，却又以儒家正统文化自居，因为我们认为大陆可能破坏了儒家传统，所以我们必须去承接，事实上我们所背负的包袱比大陆更重。所以我到上海时便发现，大陆在改革开放后，孤独感一下子就跑出来了，特立独行的个人也出现了……好像，台湾要发动在内心深层处的孤独感革命更难了……

家庭、伦理的束缚之巨大，远超于我们的想象。包括我自己，尽管说得冠冕堂皇，只要在八十四岁的妈妈面前，我又变回了小孩子，哪敢谈什么自我？谈什么情欲孤独？她照样站在门口和邻居聊我小时候尿床的糗事，讲得我无地自容，她只是若无其事地说：“这有什么不能说的？”

其实，我母亲和许多母亲一样，手上一直握有一把剪刀，专门剪孩子的头发，比中学时代教官手中那一把更厉害，这一把看不见的剪刀叫做“爱”或是“关心”。因为这把剪刀，母亲成为我走向孤独的最后一道关卡。

在我们的文化中，以“爱”、“关心”或是“孝”之名所做的任何决定都是对的，不允许相对的讨论、怀疑——而没有怀疑就无法萌生孤独感，因为孤独感就是生命对生命本身采取怀疑的态度。

我们活着真的有价值吗？我不敢说。我也不敢说杀身一定成仁，舍生一定取义，鲁迅写的秋瑾杀身、舍生之后，其鲜血只是沾染了一颗馒头，让一个得肺痨的小孩食用，她甚至救不了他。这个了不起的文学家颠覆了儒家成仁、取义的观念。

生命的意义

生命真的有意义吗？儒家文化一定强调生命是有意义的，但对存在主义而言，存在是一种状态，本质是存在以后慢慢找到的，没有人可以决定你的本质，除了你自己。所以存在主义说“存在先于本质”，必须先意识到存在的孤独感，才能找到生命的本质。

在七〇年代，我上大学的时候，存在主义是非常风行的哲学，不管是通过戏剧、通过文学。例如当时有一部戏剧是贝克特的《等待戈多》，两个人坐在荒原上，等待着一个叫做 Godot（中文译为戈多，Godot 是从God演变而来，意指救世主）的人，等着等着，到戏剧结束都没有等到。生命就是在荒芜之中度过，神不会来，救世主不会来，生命的意义与价值也没有来。我们当时看了，都感动得不得了。

从小到大，我们都以为生命是有意义的，父母、老师等所有的大人都在告诉我们这件事，包括我自己在当了老师之后，都必须传递这个信息，我不能反问学生说："如果生命没有意义，值得活吗？"但我相信，我如果这么问，我和这个学生的关系就不会是师生，而是朋友，我们会有很多话可以讲。

如果你问我："生命没有意义，你还要活吗？"我不敢回答。文学里常常会呈现一个无意义的人，但是他活着。卡夫卡的《变形记》用一个变成甲虫的人，反问我们：如果有一天我们变成一只昆虫，或是如鲁迅《狂人日记》所说，人就是昆虫，那么这个生命有没有意义？我想，有没有可能生命的意义就是在寻找意义的过程，你以为找到了，却反而失去意义，当你开始寻找时，那个状态才是意义。现代的文学颠覆了过去"生下来就有意义"的想法，开始无止尽地寻找，很多人提出不同的看法，都不是最终的答案，直到现在人们还是没有找到真正的答案。

陈凯歌的《黄土地》里，那群生活在一个荒凉的土地上，像土一样，甚至一辈子连名字都没有的人，他们努力地活着，努力地相信活着是有意义的，或许就是另一种形式的生命意义。然而不管生命的意义为何，如果强把自己的意义加在别人身上，那是非常恐怖的事。我相信，意义一定要自己去寻找。

如果婴儿出世后，尚未接触到母亲前，就被注射一支针，结束了生命，那么，他的生命有意义吗？存在主义的小说家加缪（Albert Camus）有过同样的疑惑，他在小说里提出，如果婴儿立刻死掉，他会上天堂还是下地狱？他问的是生命非常底层的问题。

那个年代我们读到这些书时，感到非常震撼，群体文化不会问出这样的问题，因为会很痛，你看到所有的报道都是那么荒谬，是谁恶意为之的吗？不是，所以群体文化无法讨论“荒谬”这个问题，而存在主义则把它视为重要的命题。

抛开结局的束缚

加缪的《局外人》（L’étranger）中，讲述的是在法国发生的真实事件，L’étranger 这个词中文译为“局外人”，其实就是孤独者的意思。故事叙述一法国青年对一个阿拉伯人开了六枪，被当成谋杀犯送进监牢，但所有的审判都与他开这六枪无关，而是举证他在为母亲守丧时没有掉泪，在母亲的丧礼后，他未依礼俗反而打了一个花哨的领带，以及在母亲丧礼后，他便带女朋友到海边度假，并发生性关系。诸此种种便成为他获判死刑的罪证。

行刑前，神父来了，告诉他要做最后的祷告和忏悔，灵魂还有机会上天堂。这个青年骂了一句粗话，说："我就是开了这六枪，不要说那么多了！"

如果大家有机会再去翻这本得过诺贝尔文学奖的小说，就会发现最后一章写得真是漂亮。青年的囚车在黎明时出发，他看见天上的星辰，他说他从未感觉到生命是如此饱满，他忽然变成整部小说歌颂的英雄——从儒家和群体文化的角度来看，实在很难去认同杀人犯变成英雄的故事，这部小说在西方会得奖，但若是在以儒家思想主导的东方，可能直至今日都无法获得肯定，因为它的内容违背世俗的标准。

在台湾不会有人以陈进兴为主角，最后还把他写成英雄，然而，小说的好或坏，不是结局的问题，而是生命形式的问题。这个形式里的孤独感、所有特立独行的部分，会让人性感到惊恐，应该有个小说家用文字去呈现他生命里的点点滴滴。然而，我们不敢面对，我们甚至觉得知道太多生命的孤独面，人会变坏。

有没有这样的印象？大人会说："这本小说不能看，看了会变坏。"我认为，对人性的无知才是使人变坏的肇因，因为他不懂得悲悯。

在陈进兴这则新闻里，我印象最深的画面，是他被枪毙后尸体送去摘取器官的过程，如果我要写小说，大概会从这一段写起。他对我而言，还是一个生命，而他在死亡，是生命与死亡的关系。我也要反驳群体文化中不知不觉的约束，使这些特立独行的议题无疾而终。

我用"议题"而不是用"主角"，因为我们总认为"主角"一定是个好人。记不记得小时候看的电影，常常会在最后结局时，出现一行字：这个人作恶多端，终难逃法网恢恢。后来我再去看这些电影，发现那个主角已经逃走了，只是在当时的观念里，不加上这一句结尾，观众不能接受，因为恶人要有恶报，好人要有好报。

如果我们用先入为主的善恶观去要求文学作品要"文以载道"时，文学就会失去过程的描述，只剩下结局。我从小受的作文训练就是如此，先有结局，而且都是格式化的结局，例如过去连写郊游的文章，最后还是要想起中国大陆几亿个"受苦受难、水深火热"的同胞。

先有结局，就不会有思考、推论的过程。当我自己在写小说时，我便得对抗自己从小训练出来“先有结局”的观念，而是假设自己就是小说里的人物。这是往后我写作的一条道路，我也希望不只是我个人，而是整个社会在经历这么多事件后，足以成熟地让人民思考，而不是用结局决定一切。

或许有人会说，现在小学生写作文，已经不写“拯救”大陆同胞的八股教条了，但是不是就有思考了呢？我很怀疑。事实上，今日社会事件的报道，甚至在餐厅里听到的对话，都还是先有结局。一到选举时更明显，都是先有结局再搜罗证据，如果真是这样，人民的思考在哪里？从过去到现在，人民的思考在原地踏步，好像他忽然从一个权威的体制里跳出来，觉得过去都是很愚昧的，他气得跳脚，以为跳向另一个极端。可是你仔细看，他跳脚的方式和当年某个伟人去世时跳脚的姿态是一样的，并没有改变。他还是用同样的情绪在跳脚、在哭，只是偶像换了另外一个东西而已。如果这样的话，人民的思考在哪里？

个体的独立性应该表现在敢于跳脱大众的语言、说出怀疑和不同的思考方式，而不是结局或结论。我相信，我们的社会需要更多的孤独者，更多的叛逆者，更多的阮籍和嵇康，勇于说出不一样的话，但要注意的是，这不是结局；如果你认为这是结局，就会以为“他只是在作怪”，当你抛开结局的想法时，才能理解对方是在提出不同的想法。逻辑（logic）一词源于希腊文 logos，就是“不同”的意思。你从正面，我从反面，以后才能“合”，才有思考可言。而如果只有一面倒的意见，思考便无由产生。

我相信，好的文学要提供的就是一种“触怒”。

孤独是生命圆满的开始

很有趣的是，在我自己出版的作品里，销路比较好的都是一些较为温柔敦厚者。我有温柔敦厚的一面，例如会帮助晚上跳墙的学生回去，写在小说里就是有一个皆大欢喜的圆满结局。我也有叛逆的一面，如《因为孤独的缘故》《岛屿独白》两本作品，却只获得少数人的青睐——我很希望能与这些读者交流，让我更有自信维持自己的孤独，因为我一直觉得，孤独是生命圆满的开始，没有与自己独处的经验，不会懂得和别人相处。

所以，生命里第一个爱恋的对象应该是自己，写诗给自己，与自己对话，在一个空间里安静下来，聆听自己的心跳与呼吸，我相信，这个生命走出去时不会慌张。相反地，一个在外面如无头苍蝇乱闯的生命，最怕孤独。七〇年代，我在法国时读到一篇报导，社会心理学家发现巴黎的上班族一回到家就打开电视、打开收音机，他们也不看也不听，只是要有个声音、影像在旁边；这篇报导在探讨都市化后的孤独感，指出在工商社会里的人们不敢面对自己。

我们也可以自我检视一下，在没有声音的状态下，你可以安静多久？没有电话、传真，没有电视、收音机，没有计算机、没有网络的环境中，你可以怡然自得吗？

后来我再回到法国去，发现法国人使用电脑的情况不如我们的普遍，我想那篇报道及早提醒了人与自己、与他人相处的重要性。所以现在你到巴黎去，会觉得很惊讶，他们家里没有电视，很少人会一天二十四小时带着手机。

有时候你会发现，速度与深远似乎是冲突的，当你可以和自己对话，慢慢地储蓄一种情感、酝酿一种情感时，你便不再孤独；而当你不能这么做时，永远都在孤独的状态，你跑得愈快，孤独追得愈紧，你将不断找寻柏拉图寓言中的另外一半，却总是觉得不对；即使最后终于找到“对的”另外一半，也失去耐心，匆匆就走了。

“对的”另外一半需要时间相处，匆匆来去无法辨认出另外一半的真正面目。我们往往会列出一堆条件来寻找符合的人，身高、体重、工作、薪水……网络交友尤其明显，只要输入交友条件，便会跑出一长串的名单，可是感觉都不对。

所有你认为可以简化的东西，其实都很难简化，反而需要更多时间与空间。与自己对话，使这些外在的东西慢慢沉淀，你将会发现，每一个人都可以是你的另外一半。因为你会从他们身上找到一部分与生命另外一半相符合的东西，那时候你将更不孤独，觉得生命更富有、更圆满。

阅读《金瓶梅》，了解情欲孤独

我们谈情欲孤独，出发点是一个非常本能的感官、性、器官、四肢……我们急于解放、使情欲不孤独，不是今日才有的事，早从希腊时代开始人们就有这样的渴望，中国在明代也出现了《金瓶梅》。我常建议朋友要了解情欲孤独，就要阅读《金瓶梅》，张爱玲也同意，她认为《金瓶梅》比《红楼梦》重要。

你在坊间看到的《金瓶梅》是删节本，不能看到书的全貌，建议读者去找万历年本的原著，你将会发现，明朝是建立商业文明的时代，商业一来感官的需求就会增加。现今社会亦是如此。我记得小时候还是农业社会，情欲刺激比较少，虽然存在却隐藏着，但是商业化之后，就变成一种行为，就变成到处可见的“槟榔西施”，情欲成为具体的视觉、听觉刺激着每一个人，难以把持、快速地蔓延，逐渐变成我们今日所说的“色情泛滥”，在书摊上就可以看到各种图像文字。

可是我们回过头看明朝的《金瓶梅》，内容一样让人觉得瞠目结舌，你会发现感官刺激变成在玩弄身体。让自己的情欲压抑在释放的临界点是最过瘾的，所以说痛快，痛快，有时候痛与快是连在一起。在《金瓶梅》中有些情欲就变成了虐待，以各种方式获得肉体的快感。

然而，他们并不快乐。

《金瓶梅》、“槟榔西施”刺激的都是情欲的底层，无法纾解内心的孤独感，实际上孤独感的纾解必须透过更高层次的转化，例如前面所说，我的中学时代男孩子们会看武侠小说来转化情欲孤独。

从小说谈孤独

谈到情欲孤独，我想用我的短篇小说集《因为孤独的缘故》中第一篇小说《热死鹦鹉》来谈。这则故事是一个医学院学生告诉我的，他暗恋着他的老师，这是他的隐私。我不会把它变成公共的事情，但是这个故事给我很大的震撼，让我想把它写成小说。

在学校任教，我有很多机会接触学生，他们会把心事说给我听，例如前面提到的那位女学生，当我听到她用四种身份交友时，我蛮惊讶的，可是我不能表现出来。一旦我表现出惊讶，他们便不会再说。我只能倾听，做一个安静的听者。

听者是一个很迷人的角色。可以看到一个学生突然跑来，从一语不发到泪流满面，可能得等他哭上一个钟头，消耗掉一包卫生纸后，才开始说一点点话，四个小时后，他才可能说得更多。

那个医学院的学生告诉我，在解剖学的课上，他看着老教授的秃头，听着他用冷静的声音讲孔德哲学和实验研究的结果，感到一种前所未有的迷恋。当时的我无法了解，一个年轻人何以会对秃头、稀疏的头发产生情欲上的迷恋，因为那并不是我会迷恋的东西。这就是孤独感的一个特质——旁人无法了解，只有自己知道，而因为我们不了解，就会刻意将它隔离，于是整个社会的孤独感因此而破碎。

在《热死鹦鹉》里，当这个医学院的学生，听到老师引用实证主义者的话，说："你应该用绝对冷静、客观的心态去面对所有东西，不能沾带任何主观的道德情感，回到物质性的存在本质去做分析。"他开始检查自己的身体。他发现之所以会迷恋他的老师，是因为老师将孔德的实证主义带人他的世界；另一方面，他又觉得迷恋老师是一件很荒谬的事。迷恋是一个客观的事实，他却无法接受，因为这是不道德的。

小说里一只学人讲话的鹦鹉热死了，大家无法从解剖分析中找到它热死的原因，而在它热死前所说的三个字究竟是什么，也引起各界的关切。不过小说最后没有结局，鹦鹉只是一个符号！

鹦鹉的出现是因为写作小说时，我到动物园玩，炎热的夏天让鹦鹉也热晕了，站在那边不动，我突然觉得很有意思。鹦鹉羽色鲜艳，非常抢眼，而它又会学人说话，它如果学了"我爱你"，是学会了声音还是学会了内容？而我们说话都有内容吗？抑或不过是发音而已？

你或许也有这样的经验，和朋友聊天失神时，你看到朋友嘴巴一直动，听不到他的声音，可是又不会影响你继续对话。

我想，人有一部分是人，一部分可能是鹦鹉，一部分的语言是有思维、有内容的，另一部分的语言则只是发音。我记得日本小津安二郎有一部电影，是说一对结婚多年的老夫妇，妻子已经习惯先生发出一个声音后，她就会“嗨”跑过去，帮他拿个什么东西。其中一幕是妻子老是觉得听到丈夫在发出那个声音，她一如往常“嗨”的答应跑去，但丈夫说：“我没有叫你。”一次、两次，在第三次时，丈夫觉得他好像该让妻子做点什么了，所以在妻子出现时，对她说：“帮我拿个袜子吧。”所有的观众都看到，丈夫没有发出那个声音，但是妻子却一直觉得丈夫在叫唤，或者她终其一生就是在等着丈夫的叫唤。

至今，我仍觉得这一幕非常动人。它其实不是语言，而是关系，我们和身边最亲近的人永远都有一段关系，加缪在《局外人》里也写到，他在巴黎街头观察带宠物出门的人，他发现怎么每一只宠物都跟主人那么像！这也是一段关系。

意识到身体的存在

我在《热死鹦鹉》这篇小说里，就用了鹦鹉作为一种符号，去代表医学院学生某种无法纾解的情欲。他去度假、晒太阳回来，躺在床上抚摸自己的身体，想象手指是老师手上的解剖刀，划过他年轻的二十岁的身体，骨骼、腰部、乳房……这绝对是情欲，但是纠结着他在解剖学里学到的冷静，也纠结着他自己无法抑制的热情。他感觉到在精致的肋骨包围着一个如灯笼结构的体腔，里面有心脏的跳动，牵动血液的循环，他还能感觉到自己肺的呼吸、胃的蠕动，他在解剖自己，也在宣泄情欲，所以最后他射精了。

我在十六岁时读《红楼梦》，看到宝玉的遗精，吓了一大跳，但这就是一个认知身体的过程，也许在好多好多年后才会爆发。情欲孤独也可以说就是认知身体吧！在认知的过程中，不可避免地沾带着两种情绪，一个是绝对的客观和冷静，一个是不可解的与身体的纠缠。从死亡意识里出来的身体，是一个肉体、躯壳，而死亡就是和身体告别。人要和身体告别很艰难，一来可能是因为长期使用产生的感情，一来也表示人们意识到“原来我的身体是现实存在的东西”。平常我们都只是在运用身体，却没有意识到它真正的存在。

我认为，真正的情欲就是彻底了解自己的身体，包括所有的部位，从外表看得到的到内脏器官，甚至分泌物，但不能先有结论。

或许有些人在《热死鹦鹉》这篇小说里，读到了耸动的师生恋，有的人则是好奇鹦鹉死前说的三个字——当然，现在已经有很多人读出书中以罗马拼音留下的谜，那三个字就是“后现代”，调侃当时各界把“后现代”当作口头禅的现象，没有特别的意涵。新书发表时，大家对那三个字都很感兴趣，我自己倒是没有做什么回应，我期望把这本书作为与孤独者的对话，因为我蛮珍惜这种孤独感，所以也没有多谈。

孤独并非寂寞

孤独和寂寞不一样。寂寞会发慌，孤独则是饱满的，是庄子说的“独与天地精神往来”，是确定生命与宇宙间的对话，已经到了最完美的状态。这个“独”，李白也用过，在《月下独酌》里，他说：“花间一壶酒，独酌无相亲；举杯邀明月，对影成三人。”这是一种很自豪的孤独，他不需要有人陪他喝酒，唯有孤独才是圆满的。又好比你面对汪洋大海或是登山到了顶峰，会产生一种“振衣千仞冈，濯足万里流”的感觉，没有任何事情会打扰，那是一种很圆满的状态。

所以我说孤独是一种福气，怕孤独的人就会寂寞，愈是不想处于孤独的状态，愈是去碰触人然后放弃，反而会错失两千年来你寻寻觅觅的另一半。有时候我会站在忠孝东路边，看着人来人往，觉得城市比沙漠还要荒凉，每个人都靠得那么近，但完全不知彼此的心事，与孤独处在一种完全对立的位置，那是寂寞。

每个人都在说，却没有人在听。

二篇

At the Second

语言孤独

写小说时，我常会涉猎一些动物学、人类学、社会学或是生理学的研究，我相信很多作者或是艺术创作者皆会如此。因为所谓文学或哲学、艺术，常被视为一种个人的思考方式，或是一种主观的感受，如果引用动物学、生理学等科学知识，就能使作品更客观，当然，这些知识不会影响创作本身。

有一个在热带地区从事研究的人类学家，他的一句话常被创作者引用，法文是post coïtum animal triste，中文译为“做爱后动物性感伤”。我觉得用“做爱”这个词并不准确，coïtum指的是“性的极度高潮”，不是情色的刺激而已，是生理学所界定的性快感的巅峰、可能会呼吸停止的一种状态。

或许你也有过这种难以言喻的经历，在高潮过后，感觉到巨大的空虚，一刹那间所有的期待和恐惧都消失了，如同死亡——前面提过，情欲孤独的本质和死亡意识相似，在这个时候，你会发现紧紧拥抱的一方，完全无法与你沟通，你是一个全然孤独的个体。

产后忧郁症是另一种相似的状况，很多妇人在生产后感到空虚，好像一个很饱满的身体突然空掉了。有时候我们也会以“产后忧郁症”形容一个完成伟大计划的创作者，比如导演在戏剧落幕的那一刻，会陷入一种非理性的忧郁状态。

写小说时，我不会想读小说或文学作品，反而会乱翻一些奇怪的书籍，例如关于动物、人类生理结构的书，从书中发现一些东西，使其与作品产生一种有趣的联结，例如《热死鹦鹉》，以及接下来要谈的《舌头考》。

天马行空的世界

在写《舌头考》之前，我读到一些有趣的知识。

书上写有些两栖类动物会用舌头舔卵，或是用舌头将卵移到植物体上，使其在阳光下曝晒孵化。读到这一段前，我从未想过舌头会和生殖行为发生关系。我们都知道舌头和语言的关系，但对动物而言，舌头还有其他的用途。如果你也有过在草丛中观察青蛙或蟾蜍的经验，你会发现它们的舌头很惊人，可以伸得很长，且很精准地抓住飞行中的蚊子，卷进嘴里。舌头不完全是语言的功能，在许多动物身上，它是捕捉猎物的工具。

动物语言和舌头的关系反而没有那么密切，我们常用狗吠、狼嚎、狮吼、鸟鸣来形容动物的声音，说的就是它们的语言，只是我们无法辨识。语言也许不是人类的专利，动物也会用不同的声音去表达部分行为，其中最重要的就是求偶或觅食，但相较之下，人类的语言复杂了许多。因为人类的语言极度要求准确，名词、动词、形容词，每一个字词的发音都要精准，所以我们会说“咬文嚼字”，在咬和嚼的过程中，舌头扮演了很重要的角色。

舌头也和器物有关。我在研究美术史的过程中，发现在春秋战国时代的青铜器上，有一种舌头很长的动物图像，没有人知道那是什么动物，有人称它为龙，有人说它是螭，又和一般所谓龙、螭的造型不同。如果你有机会到台北市南海路的历史博物馆参观，你会看到有些青铜器两边的耳，会有一只像爬虫类的动物雕刻，舌头和身体一样长，青铜器的底座也有一只吐舌的动物。

约莫在八〇、九〇年代，大陆“文革”之后，在湖南挖出一座高约一两米的木雕镇墓兽，有两个红绿灯般大的眼睛，中间拖了一条舌头至两脚之间，造型相当奇特。春秋战国时代，从位于今日河南一带的郑国到位于湖南一带的楚国，都曾经大量出现吐舌的动物，其原因至今仍是一个谜。搞美术的人会说是为了玩造型，但我相信早期的人类在雕刻这些动物图像时，关注祭祀、信仰的目的远胜于造型，这些吐舌动物图像应该具有特别的象征意义。

不论如何，当我意图写一篇与舌头有关的小说时，这些就成为我的题材。这是写小说最大的乐趣，创作者可以莫须有之名，去组合人类尚且无法探讨的新领域。

不管在西方或是在中国，以前小说都不是主流文化，因为不是主流文化，所以创作者可以用非主流的方式去谈生命里各种奇奇怪怪的东西，而不受主流文化的监视与局限，包括金圣叹所谓四大才子书，或中国古典名著《红楼梦》《水浒传》《三国演义》《西游记》，或是马尔克斯的《百年孤独》，都是呈现一个天马行空、无法归类的世界。

当我开始写《舌头考》时，我走在街上、和人说话都听不见任何声音，只想观察每个人脸上那个黑幽幽的洞口中跳动的舌头。

每个人都在说，却没有人在听

我发现人的语言很奇怪，可以从舌头在口腔里不同的部位发出不同的声音，发展出复杂的、表意的行为工具。而且不同的语言系统，运用舌头的方式也不同。当我们在学习不同的语言时，就会发现自己原来所使用的舌头发音方式是有缺陷的，例如学法文时，很多人会觉得卷舌音发不出来，或者 d 和 t、b、和 p 的声音很难区别。

话说回来，使用汉语系统的人，舌头算是很灵活，尤其是和日本朋友比较时，你会发现他们的语言构造很简单，所以当他们学习外语时会觉得相当困难，很多音都发不出来。

许多人大概都听过一个故事，五〇年代日本驻联合国的大使，在会议上慷慨激昂地发表了一番演讲。说完，台下有人说："请问您是否可以找人翻译成英文呢？"这个日本大使很生气地回答："我刚刚说的就是英文。"

听"不同的声音"和听"听不懂的声音"，都是相当有趣的事。什么是"听不懂的声音"？举例而言，你听不懂布依人的话，当你置身在布依人的祭仪中，听到所有人都在用布依人的语言交谈时，你会发现你听到的不是语言，而是音乐，是一种有逻辑结构的声音，你会觉得很特别，甚至想用发出这种声音的方式，去练习舌头的动作。

我在大龙峒长大，从小就有机会接触不同的语言，这里大部分的居民以闽南语为母语，但也有少数的客家人。我家附近还有一个眷村，眷村里的语言天南地北，有云南话、贵州话……每一家妈妈骂孩子的声音都不一样，当时我就觉得语言的世界真是精彩，虽然我听不懂。

第一次因为听不懂的语言感动，是在法国读书的时候。我在巴黎的南边租了一栋房子，是地铁的最后一站，下车后还要走一段路。房东是宁波人，开餐馆的。有一天，我听到房东的妈妈，一个宁波老太太，和一个法国人在说话，说话速度很快。我第一年到法国，法文说得结结巴巴，很惊讶老太太能如此流利地与人对话，可是仔细一听，原来她说的不是法文，是音调如同唱 Do Re Mi 的宁波话。

宁波老太太说宁波话，法国老太太说法文，两个人说了很久很久，没有任何冲突，没有任何误会——也没有机会误会，这是我第一次思考到，共同的语言是误会的开始。我们会和人吵架、觉得对方听不懂自己的心事，都是因为我们有共同的语言。

我的一个学生嫁给日本人，夫妻间的对话很有趣，主要的语言是英文，可是在对话中，也会夹杂着一点点的中文、一点点的日文，这一点点听不懂的语言，反而让他们的对话洋溢着幸福感。我突然觉得很羡慕，每天看到报纸新闻上的攻讦、批判、叫嚣……好像都是因为他们使用同一种语言，如果他们说着互相听不懂的话，也许会好一点。

很有趣的是，使用同一种语言为什么还会因为“听不懂”而产生误会？很多时候是因为“不想听”。当你预设立场对方一定会这么说的时候，你可能一开始就决定不听了，对方说再多，都无法进入你的耳里。现在很多call in节目就是如此，每个人都在说，却没有人在听，尽管他们使用的是同一种语言。

这是一种语言的无奈吧！好像自己变成在荒野上一个喃喃自语的怪物。

谨言慎行的民族

从动物的舌头，到青铜器上的吐舌图像，再到听不懂的语言，酝酿出了这篇奇怪的小说《舌头考》。

这篇作品也牵涉到苏联解体和现代中国处境等政治问题，同时我塑造了一个人物叫做吕湘，一个湖南的人类学者，借他来阐述从楚墓里挖出来的吐舌怪物以及我对语言的兴趣。

我在小说中杜撰了一个考古的发现：联合国文教组织里的一个考古小组在南美高地发现一具距今一千七百万年前的雌性生物遗骸。这具骸骨出土后，人类学家要断定它是动物、猿人或者人类；最大的区别就是人类的脊椎直立，偏偏这具遗骸的脊椎直立，又有一点点尾椎，有点像袋鼠后腿站立、用尾巴支撑身体的姿态。

这项发现在世界各地引起热烈的研究，包括一位来自波罗的海爱沙尼亚的人种学教授乌里兹别克，当他在芝加哥的学术讨论会上，以他左派的唯物史观认定这是一具人类最早的母性遗骸时，全场哗然。这个情况有点像《小王子》里，土耳其的天文学家发现了一颗行星，但因为他在发表时穿着土耳其的传统服饰，太不符合学术界的规矩，所以没有人相信他。

我们会发现学术界里有一些外在的规矩，如同语言一般，流于一种形式，它不是检定你的创意性、论证的正确性，而是一些外在架构。有参加过论文口试的人就会知道，口试委员所关心的往往是论文的索引、参考资料，而不是论文中你最引以为豪的创意。这又是一种荒谬，一切都是很外在的，包括语言，变成一种外在的模式符号，其内在的本质完全被遗忘。

在《情欲孤独》里，我提到了儒家文化不鼓励孤独，而这个巨大的道统其实也不鼓励人们在语言上做精细修辞。孔子说过："巧言令色，鲜矣仁。"他认为"仁"是生命里最善良、最崇高的道德，而一个语言太好、表情太丰富的人，通常是不仁的。孔子的这句话影响了整个民族，变成说话时少有表情、语言也比较木讷。

这不就是我们小时候常常受到的训诫：不能随便讲话。客人来时讲太多话，父母会认为有失身份，等客人走后就要受处罚。但小孩子哪里知道什么是有身份的话，什么是没有身份的话？最后就变成了不讲话。

语言和文化习惯有很大的关联，在希腊文化中有修辞学、逻辑学（logos），后者更是希腊哲学一个很重要的基础。所以，你可以看到柏拉图的哲学就是《对话录》，即是语言的辩证。在西方，语言训练从小开始，你可以看到他们的国会议员说话时，常常会让人觉得叹为观止，然后纳闷："怎么搞的？我们的'立法委员'不会有这样的表现？"

相对的，孔子要求人的内在多于外在，如果有人讲话讲得很好听，就要进一步"观其行"，行为若不相符，他是无法接受的。

东西方对于语言的训练，没有绝对的好或不好，这是一个人如何去处理自己语言的问题。

忽视语言的儒家

春秋战国的九流十家并不是都否定语言的重要性。公孙龙、惠施的“名家”学派，说的就是希腊人的逻辑学（逻辑学其实可以翻译为“名家之学”，但我们现在用的是音译）。名家有所谓“白马非马”的逻辑辩证，可是如果现在有个人指着一匹白色的马告诉你“这不是马”，你会觉得很不耐烦，但这就是语言学。从语言逻辑来看，白马和马是两个不同的概念，如果你会觉得不耐烦，那么你就是很儒家。

“白马非马”探讨的是辞类的问题，在希腊文化里有严格的分别，然而在中国就变成了“巧言令色”。所以儒、道、墨、法等各家都有著述传世，名学却很难找到其经典，只有一些零散的篇章，如“白马非马”、“卵有毛”之类的寓言，都是名学学派发展出来对语言结构的讨论。

西方符号学也是讨论语言的结构，主张在检验思想内容前，要先检验语言的合理性，如果语言是不合理的，那么说出来的也一定是错误的，必须先将错误处标示出来，然后去找到符号学的定论。我们的文化在这方面的检验很弱，所以你可以看到政治人物的语言都非常混乱，西方的政治人物使用语言很讲究，因为随时可能会被攻击，可是我们对语言并没有这么严格的要求，语言的含义经常是暧昧不明的。

庄子的哲学里也有关于语言的讨论。庄子和好朋友惠施有一段广为人知的对话，他们在河边看鱼。庄子说："你看，鱼在水里游，多么快乐。"这句话很多人都会讲，如果今天站在庄子旁边的是孔子，一定不会如惠子一般回答："子非鱼，安知鱼之乐？"这句问话就涉入语言的修辞学、符号学，惠子的用意是要让庄子的问话接受逻辑验证。

如果你身旁有个如惠子一样的朋友，恐怕都不太敢讲话了。可是庄子回答："子非我，安知我不知鱼之乐？"他依照惠子的逻辑推翻惠子的推论。接下来的对话都是逻辑辩证，在儒家道统眼里是完全排斥、毫无意义的对话。我们可以推测，如果名家能够壮大的话，或能弥补儒家文化对语言的忽视。

儒家文化不讲究语言的精准性，基本上儒家的语言是接近诗的语言，是一种心灵上的感悟，把语言简化到一个非常单纯的状态。

语言的局限性

人类的语言文字可以有两种极端的发展，一端是发展成为“诗”，另一端就是发展为法律条文。法律条文务求精密准确，以分明的条目来阻绝任何暧昧性。所以现在国际法、公约等通用的语文是法文，因为法文在辞类的界定上是全世界最严格的语言。而中国语文则是最不精确的、最模糊的，但它非常美，美常常是不准确，准确往往不美，所以不会有人说《六法全书》很美，却很多人认同《诗经》很美。

孔子本来就不喜欢法律，还记得《论语》里有一篇提到一个孩子的爸爸偷了羊，这个孩子理直气壮地去告了爸爸，孔子相当不以为然，他认为连儿子都会告爸爸的社会，已经不是他所向往的。他重视的是什么？还是伦理和道德。可是儿子告爸爸是法律，而法律一直在做的就是语言文字的防范，防范到最后就没有多余的可能性，可以容纳人性里最迷人的东西以及孔子主张的仁义道德。

当我们以儒家为正统的文化主流时，语言必然会走向诗，而不是走向法律条文。因此，嵇康四十岁被拖上刑场，理由是：“上不臣天子，下不事王侯，轻时傲世，无益于今，有败于俗。”其罪状读起来就像一首诗，像这样的罪状在中国历史上屡见不鲜，甚至可能只有三个字“莫须有”，这都是受传统中国法律不彰及不讲究语言的牵连。

准确的语言本身是一种吊诡，
我们用各种方法使语言愈来愈准确，
语言就丧失了应有的弹性。

一直以来，我觉得很矛盾，到底语言应该是像希腊语、像法语一样的精准，或者在潜意识里我其实是得到一种颠覆准确语言的快乐，因为我感觉到准确的语言本身是一种吊诡，我们用各种方法使语言愈来愈准确，当语言愈来愈准确，几乎是没有第二种模棱两可的含义时，语言就丧失了应有的弹性，语言作为一个传达意思、心事的工具，就会受到很大的局限。再者，写小说等文学作品，本来就在颠覆语言的各种可能性，你觉得“应该是这个样子”就偏不是“那个样子”。

问渠哪得清如许，为有源头活水来

有人会问，语言不是因为思想而生的吗？我们应该颠覆的是语言还是思想？

语言一开始的确为了表达思想，你看小孩子牙牙学语时，他要表达自己的意思是那么的困难，这是先有内容才有语言的形式。可是我们不要忘了，今天我们的语言已经流利到忘了背后有思想。我在公共场合看到有人叽里呱啦地说话，嘴巴一直动，我相信他的语言背后可以没有思想。

有时候我很害怕自己会变成那样，沦为一种语言的惯性，尤其是站在讲台上教书时，特别恐惧语言的模式化。就像参加丧礼的时候，司仪朗诵奠文，我永远只听得懂前面某年某月某日及最后的呜呼哀哉，中间完全听不懂，可是那音调多么跌宕起伏、铿锵有力呀！这就是语言模式化的结果，他不在乎人们是否能听懂，只是要把它念完。

我们都应该让自己有机会从概念的语言逃开，检查自己的语言，“问渠哪得清如许，为有源头活水来”，使语言保持在“活水”的状态，语言便不会僵死。

前几天，我和几个朋友聚在一起，有人问我：“你记不记得以前我们开周会时要呼的口号？”我记得第一条是忠勇为爱国之本，最后一条是有恒为成功之本，中间呢？

几个人东一句西一句还是凑不齐十二条守则，这原本是我们每天要念的东西，因为模式化之后，语言和思想分离了，只剩下声音，而这些声音无法在生命中产生意义。

六祖惠能颠覆语言

所以我们需要颠覆，使语言不僵化、不死亡。任何语言都必须被颠覆，不只是儒家群体文化的语言，即使是名学或希腊的逻辑学亦同，符号学就是在颠覆逻辑，如果名学成为中国的道统，也需要被颠覆。新一代的文学颠覆旧一代文学，使它“破”，然后才能重新整理，产生新的意义。

宋代文学开始出现另一支系统，即所谓的“公案文学”，何尝不是一种颠覆？

公案文学可说是中国白话文学的发轫。佛法发展至中国唐朝已逐渐模式化，包括佛经的翻译、佛说法的内容，皆不复见悲悯与人性的关怀，读佛经的人可以“观自在菩萨行深般若波罗蜜多时照见五蕴皆空度一切苦厄舍利子色不异空空不异色……”一直念下去没有阻碍，声音中没有感情，没有让人心动的东西，就是读一部佛经。

于是有了禅宗，一个不相信语言的教派，它认为所有的语言都是误会，所有的语言都会使修行者走向一个更荒谬、背叛修行的道路，所以最后不用语言也不用文字，把佛法大义变成一则一则的公案，以简单、易懂的白话弘扬佛法。

禅宗可以溯源自释迦牟尼佛拈花微笑的故事。当释迦牟尼佛拿起一朵花给大弟子迦叶，不讲一句话，把这朵花传下去，迦叶笑了，心心相印，完全不需要语言。达摩初祖是禅宗的第一代，他从印度到中国来，在少林寺苦修面壁九年，不用语言文字传道，而是以行为。

苦修面壁的沉默，就是一个人的孤独语言，他在寻求什么？只有自己知道。当你静下来，处于孤独的状态，内心的语言就会浮现，你不是在跟别人沟通，而是与自己沟通时，语言会呈现另一种状态。所以不管禅宗或西方教派，都有闭关的仪式（天主教叫闭静、静修），参加的人通常在第一天会很难过，有人形容是快疯掉了，可是达摩就是通过这个方式，让语言从一种向外的行为变成一种向内的行为，而将佛法传递给二祖、三祖、四祖、五祖，直到六祖惠能。

五祖弘忍传六祖惠能的故事是对语言最精彩的颠覆。禅宗到了五祖弘忍时已经变成大教派，众多弟子想要承其衣钵，争夺法嗣的继承权，所以五祖弘忍在找接班人时很苦恼。这一段故事记录在《六祖坛经》中，读起来像武侠小说，看众僧争夺六祖地位，如同武侠小说里争夺武林盟主，我想五祖在寻找的过程中，也会有一种孤独感，因为他找不到一个能超脱语言文字真正悟道的人。

在众多接班人选中，神秀呼声最高，他写了一首偈："身是菩提树，心如明镜台，时时勤拂拭，莫使惹尘埃。"弟子们争相背诵，五祖听了不表示意见，继续让大家去猜。这首偈传开了，传到厨房一个叫惠能的伙头师父耳中，这个每天劈柴煮饭，不识字的文盲和尚，没有机会听到佛经，也没有机会接触上层阶级的文化，却马上回答："菩提本无树，明镜亦非台，本来无一物，何处惹尘埃？"修行者若怕脏，修行的意义何在？

五祖听到惠能的偈，依旧不动声色，口头上说了一句："胡说！"然后在惠能头上敲了三下，背着手就走了。故事发展到这边就变成神话了，惠能因为被敲了三记竟懂了五祖的意思，夜半三更跑去敲他后门。要注意的是，这里唯一的语言就是"胡说"，其他都是行为动作。

惠能夜半三更去敲五祖弘忍的门，五祖叫他坐下来，念《金刚经》给他听，因为传法最重要的就是《金刚经》，念到"应无所住而生其心"（没有留念、没有执着才能生出慈悲心）时，惠能这个大胆的伙头和尚就跟弘忍说："师父，我懂了，你不用讲了。"五祖真的不讲了，立刻将袈裟和钵拿给他，要他立刻逃走，以免被人追杀，五祖告诉他，必要时连衣钵都可以不要，"带法南传，遇梅则止"，后来惠能就在广东黄梅传教，成为新一派的禅宗——南宗。

南宗系统是由一个不识字的人发展出来的，无异是对唐朝正统文化的嘲笑，这么多人在架构一个语言、文字的体系，结果被一个劈柴师父所颠覆，并因为颠覆开创新的格局。

何谓语言孤独？

语言孤独系产生于一个没有丝毫颠覆可能性的正统文化下，而这个正统文化必然僵死，包括所有的学院、道统、政党都是如此，一个有入有出的文化结构，才能让语言有思辨的能力，惠能就是对语言文字产生了思辨性，使他对于语言、对于佛法的存在，保持着一种怀疑的态度，始能回到自身去思考佛法是什么语言是什么。

惠能在逃亡的过程中，连五祖传承给他的衣钵都弄丢了，后来躲在猎户之中，猎户吃肉，他就吃肉边菜，打破了佛教茹素的清规，但“本来无一物，何处惹尘埃”，惠能自知心中有法，外在的形式都不重要了。

后来六祖惠能的金身供奉在韶关南华寺，我到寺里参观时，看到许多人一入寺便行五体投地跪拜大礼，我想，惠能应该不想要这些吧！

在禅宗公案中，有许多易懂非懂的对话。例如一个小徒弟可怜兮兮地跟着师父旁边问："师父，什么是佛法？"老师父老是卖关子，不肯对小徒弟说。最后师父问他："吃饭了没有？""吃饭了。""那就去洗碗。"

这就是公案了。你去翻一下《指月录》，里面都是这样的例子。说的就是如何让语言回到生活、回到更朴实的白话。我们到日本禅宗的寺院会看到"吃茶去"三个字，这也是白话。常常你问什么是佛法大义，他就说"吃茶去"，表面上说的与问的无关，实际上他给了一个颠覆性的答案。

如果没有禅宗的颠覆，佛法到了唐朝已经变成固化的知识体系，接下去就会变成一种假象。西方的宗教也同样经过颠覆，基督教在文艺复兴时期最重要的颠覆是圣方济各（San Francesco），就是用当时意大利的土语写了一些歌谣，让大家去唱，把难懂的拉丁文《圣经》变成几首歌，颠覆了整个基督教系统。

这些都和语言的颠覆有关，可是语言的颠覆并不是那么容易拿捏，就像年轻人在电脑网络上所使用的火星语言文字，有些人感叹这代表了汉语程度退步了，有时候我会想，禅宗的公案在唐宋时代，应该也是被当成汉语程度退步的象征吧！

因为他用的都是很粗俗的民间白话，并不是典雅的文字，直到唐朝玄奘大师翻译佛经都是用典雅的文字，但禅宗公案一出来，就是质朴得不得了的白话，从《指月录》和《景德传灯录》可见一斑。

借着语言打破孤独感

于是我们可以重新思考，语言究竟要达到什么样的精准度，才能够真正传达我们的思想、情感？我们与亲近的人，如夫妻之间，所使用的又是什么样的语言？

关于夫妻之间的语言，《水浒传》里的“乌龙院”有很生动的描绘。人称“及时雨”的宋江看到路边一个老婆子牵着女儿要卖身葬父，立刻伸出援手，但他不愿乘人之危，娶女孩为妾，老婆子却说非娶不可，两个人推来送去，宋江最后还是接受了。他买下乌龙院金屋藏娇，偶尔就去陪陪这个叫做惜姣的女孩，因为怕人背后说话，常常是偷偷摸摸。阎惜姣觉得自己这么年轻就跟了一个糟老头，又怕兮兮的，爱来不来，很不甘心。一日宋江事忙，派了学生张文远去探视阎惜姣，两个年轻人你一言我一语就好起来了，变成张文远常常去找阎惜姣。流言传进了宋江的耳朵，打定主意去乌龙院探查。

阎惜姣对宋江是既感恩又憎恨，感恩他出钱葬父，又憎恨大好青春埋在他手里，所以对他说话便不客气。那天宋江进来时，阎惜姣正在绣花，不理宋江，让宋江很尴尬，不知要做什么，只能在那里走来走去，后来他不得不找话，他就说："大姐啊，你手上拿着的是什么？"（"大姐"是夫妻之间的昵称，可是让一个中年男子唤一个小女孩"大姐"，就非常有趣了。）阎惜姣白了他一眼，觉得他很无聊，故意回他："杯子啊！"宋江说："明明是鞋子，你怎么说是杯子呢？"阎惜姣看着他："你明明知道，为什么要问？"

这部小说就是把语言玩得这么妙。想想看，我们和家人、朋友之间，用了多少像这样的语言？有时候你其实不是想问什么，而是要打破一种孤独感或是冷漠，就会用语言一直讲话。

宋江又问："大姐，你白天都在做什么？"他当然是在探阎惜姣的口风，阎惜姣回答："我干什么？我左手拿了一个蒜瓣，右手拿一杯凉水，我咬一口蒜瓣喝一口凉水，咬一口蒜瓣喝一口凉水，从东边走到西边，从西边走到东边……"这真的是非常有趣的一段话，阎惜姣要传达的就是"无聊"两字，却用了一些没有意义的语言拐弯抹角地陈述。

像这样不是很有意义的语言，实际上充满了我们的每一天、每一分、每一秒。

《水浒传》是一本真实的好小说，可是我不敢多看，因为它也是一本很残酷的书，写人性写到血淋淋，不让人有温暖的感觉，是撕开来的、揭发的，它让人看到人性荒凉的极致。

相较之下，日本导演小津安二郎（Ozu Yasujiro）把这种无意义的语言模式诠释得温暖许多。他有一部电影《早安》，剧情就是重复着早安、晚安的问候。接触过日本文化的朋友就会知道，日本人的敬语、礼数特别多，一见面就要问好，电影里有一个小孩就很纳闷，大人为什么要这么无聊，每天都在说同样的话？

事实上，这些礼数敬语建立了一个不可知的人际网络，既不亲，也不疏，而是在亲疏之间的礼节。

但这种感觉蛮孤独的。我们希望用语言拉近彼此的距离，却又怕亵渎，如果不够亲近，又会疏远，于是我们用的语言变得很尴尬。在电影中呈现的就是这种“孤独的温暖”，因为当你站在火车月台上，大家就会互相鞠躬道早，日复一日重复着这些敬语、礼数，可是永远不会交换内心的心事。

大家可以比较一下《水浒传》的乌龙院那段与小津安二郎的电影《早安》，两者都是无意义语言。我称它为“无意义语言”，是因为拿掉这些语言，并不会改变说话的内容，但是拿掉这些语言后，生命到底会发生什么样的变化？我不知道。

《水浒传》是用较残酷的方式，告诉我们：不如拿掉吧！最后宋江在乌龙院里杀了阎惜姣，是被逼迫的，使他必须以悲剧的方式，了结这一段无聊的生活、不可能维系的婚姻关系。而小津安二郎则是让一个男子在火车上爱上一个女子，在剧末他走到她身边，说："早安！"说完，抬头看天，再说："天气好啊！"就这样结束，让你觉得无限温暖，实际上他什么也没讲。

从这里也可以看到，最好的文学常常会运用语言的颠覆性，我们常常会觉得文学应该是借语言和文字去传达作者的意思、理想、人生观。是，的确是，但绝不是简单的平铺直述而已。

倚赖变成障碍

有一个非常好的文学评论家讲过一句话："看一本小说，不要看他写了什么，要看他没有写什么。如同你听朋友说话，不要听他讲了什么，要听他没有讲什么。"

很了不起的一句话，对不对？

我相信人最深最深的心事，在语言里面是羞于见人的，所以它都是伪装过的，随着时间、空间、环境、角色而改变。语言本身没有绝对的意义，它必须放到一个情境里去解读，而所有对语言的倚赖，最后都会变成语言的障碍。

写《舌头考》这篇小说时，写到吕湘参加联合国的会议，在会议中他看到来自爱沙尼亚的乌里兹别克教授受到资本主义社会学者的嘲笑，苏联、东欧等社会主义国家便联合退席抗议，他不知道自己应该站在哪一边，要退席，还是留下来？它所反映的就是当时中国的处境，既是社会主义国家，又已经和苏联老大哥闹翻，进退两难。

吕湘一生总是在考虑“要站对边”这件事，导致在“文化大革命”中他站错边的悲剧下场，被关在牛棚里，挨饿了很久。

“文化大革命”期间，吕湘坐过三年的牢。有一阵子，红卫兵搞武斗，鸡犬不宁，吕湘给关在牢里忘了，饿了好几天。他昏沉沉在牢里觉得自己已经死了。死了的时候从胃中上腾一种空乏的热气。他知道，是胃在自己消化自己。吕湘有点害怕，便开始啃牢房上的木门，像小时候看老鼠啮咬木箱一样，把一块一块的木屑嚼碎，嚼成一种类似米浆的稠黏液体，再慢慢吞咽下去。

“文革”的主角红卫兵都是些十几岁的孩子，当他们把吕湘斗进牛棚里，又去斗另一个人时，就把吕湘给忘了，让他待在牛棚里啃木头，活了一段期间，这时候他开始思考语言这个东西。

外面的年月也不知变成什么样子。吕湘觉得解决了“吃”的物质问题之后，应该有一点“精神”生活。

他于是开始试图和自己说话。

吕湘在很长的时间中练习着舌头和口腔相互变位下造成发声的不同。

这非得有超人的耐心和学者推理的细密心思不可。

到了“文革”后期，出狱之后的吕湘练就了一种没有人知道的绝活。他可以经由科学的对舌头以及唇齿的分析控制，发出完全准确的不同的声音。

我们小时候都曾经玩过这样的游戏，模仿老师或是父母的声音，而有些人确实模仿得很像，就像鹦鹉一样，但是他只是准确地掌控了声音，没有内容。

玩起语言游戏

一个人无事的夜晚，他便坐起来，把曾经在“文革”期间批斗他的所有的话一一再模仿一次。男的、女的、老的、少的，那嗓音还没变老的小红卫兵，缺了牙的街坊大娘……吕湘一人兼饰数角地玩一整夜。

写作期间，我认识很多“文革”后的大陆作家、朋友，他们都有一个共同的经验：找到一种让自己活下来的方法，而这些方法有时候荒谬到难以想象，它其实是一种游戏，甚至也是一种绝活。周文王遭到幽禁时写出《周易》，司马迁受到宫刑之后完成《史记》，人在受到最大的灾难时，生命会因为所受到的局限挤压出无法想象的潜能，吕湘亦同，在一个人被囚禁的寂寞中，他开始与自己玩起了语言的游戏。

小时候我很喜欢在大龙峒的保安宫前看布袋戏，尤其喜欢站在后台看，发现前台的各种角色，貂蝉、吕布、董卓其实都是操作在同一个人的手里，那个人通常是个老先生，当他换上貂蝉的人偶时，老先生的声音、动作都变得娇滴滴，不只是动人偶的手，连屁股都扭了起来。

你会看到，人在转换角色的时候，整个语言模式和内心的状况是一起改变的。

这类的偶戏在西方也有，我在东欧的布拉格看过，日本也有一种

“文乐”，也是偶戏的一种。搬演偶戏的人身上有一种非常奇特的东西，如黄海岱，这么大把年纪，但在搬演过程中，可以瞬间转换为一个十五六岁娇俏的小女孩。我写吕湘时，思绪回到小时候看布袋戏的经验，想象他在模拟别人批斗他的神情，如同操作一具人偶。不同的是，他把这些声音变成一卷录音带，不断地倒带，在一生中不断地重复，好像他也必须靠着这些当年折磨过他的语言活下去，即使“文革”结束了，惯性仍未停止。

我们常常不知道哪些语言是一定要的，有时候那些折磨我们的语言，可以变成生命里另一种不可知的救赎。大概也只有小说，可以用颠覆性的手法去触碰这样的议题。

吕湘，你还赖活着吗？

吕湘，看看你的嘴脸，你对得起人民吗？

吕湘，站出来！

吕湘，看看你的所谓“文章”，全无思想，文字鄙陋！

吕湘！吕湘……

这些声音、这些嘴脸是他在斗争大会上所看到，在牛棚里一一模仿的，慢慢地这些声音消失，变成他自己的声音，变成一个人类学学者研究语言的范例，他开始思考语言是什么东西，他很仔细地观察舌头和声音的关系。

那些声音，多么真实，在黑暗的夜里静静地回荡着。住在隔壁的吕湘的母亲常常一大早爬起来就说：“你昨晚又做梦啦？一个人嘀嘀咕咕的……”

但是，那么多不同的声音只来自一个简单的对舌头部位发声的科学分析原则而已。

舌头在发声上的变化看来极复杂，但是其实准则只有几个。大部分的发声和情绪的喜怒哀乐有关。因此，舌头发声虽然只依靠口腔的变位，但是，事实上是牵动了全部脸颊上乃至于全身的肌肉。

吕湘在这一系列关于舌头的探索中最后发现，连声音有时都是假的。

声音表情都是假的

我相信经历过“文革”的人都知道声音是假的，有时候只是虚张声势。有一个朋友告诉我，他生平最感谢的一个人，是在“文革”批斗大会上，抢过别人手上的鞭子，狠狠抽他的朋友。原本他在那场批斗大会上是必死无疑，朋友知道后，故意抢过鞭子，说出最恶毒的话，将他抽打得全身是血，送到医院，才保住他的性命。他说，那些恶毒的话和不断扬起落下的鞭子，让他感觉到无比的温暖。

我听他说这些话时，觉得毛骨悚然。

但事实上，在中国古代的戏剧里也有相似的情节。《赵氏孤儿》里的公孙杵臼和程婴为了保护赵盾的遗孤，程婴牺牲自己的儿子顶替献出，由公孙杵臼假意收留，程婴再去告密。然而，奸人屠岸贾怀疑两人串通，要程婴亲手鞭打公孙杵臼。为取得屠岸贾的信任，程婴将公孙杵臼打得血肉横飞，最后公孙杵臼被斩首，而屠岸贾则视程婴为心腹，并收他的儿子（真正的赵氏孤儿）为义子。十六年后，赵家遗孤长大了，从程婴口中得知家族血泪史，便杀义父屠岸贾报仇。

我很喜欢经历过“文革”那一代的大陆学者，他们所拥有的不只是学问，而是学问加上人生的历练，纠结成一种非常动人的东西。有时候你看他装疯卖傻，圆滑得不得了，可是从不随便透露内心里最深层的部分，你无法从他的表情和声音里去察觉他真正的心意。

感觉的转换

因此，吕湘进一步的研究就是在黑暗中不经由发声而用触觉去认识自己模仿不同骂人口形时脸部肌肉的变化。

写这部小说时，我自己会玩很多游戏，例如用触觉替代听觉。我曾经在斯坦福大学教学生汉语时，教学生用手指头放在嘴里去感觉舌头的位置，虽然不发声，但是只要舌头位置放对了，就可以发出正确的声音。这是一种语言教学法，可以矫正学生为了发出和老师一样的声音而用错发音方式，先让学生学会舌头发音的位置，例如舌尖放在牙龈底下，先用手去感觉，最后再发声。吕湘在做的就是这个动作。

我们都知道海伦·凯勒，她听不到声音，可是她针对贝多芬的《命运交响曲》写过一篇伟大的评论。她用手放在音箱上，随着节奏、旋律所产生的振动，用触觉去听，再写出她的感觉。她证明了人类的感觉是可以互相转换，听觉不只是听觉，也可以变成触觉。尤其在汉文系统里，任何一个声音都是有质感的，我们说这个人讲话“铿锵有力”，是说语言有金属的质感；我们说这个人的声音如“洪钟”，或者“如泣如诉”，都是在形容语言的质感。

以诗词的声韵而言，如果是押江阳韵、东钟韵，写出来的诗词会如《满江红》的激愤、昂扬和壮烈，因为 ang、ong 都是有共鸣、洪亮的声音；若是押齐微韵，是闭口韵，声音小，就会有悲凉哀愁的感觉，如凄、寂、离、依等字都是齐微韵脚。我们读诗，不一定是读内容，也可以读声音的质感，或如细弦或如锣鼓，各有不同的韵味。

这个研究远比直接模仿发声要困难得多。有一些非常细致的肌肉，例如左眼下方约莫两厘米宽的一条肌肉便和舌根的运动有关。

这一段内容也是我杜撰的，读者可不要真的对镜找那条肌肉。然而，发声所牵动的肌肉，甚至内脏器官，的确是微细到我们至今未能发现，例如发出震怒的声音或无限眷念时的声音，会感觉到身体内有一种奇妙的变化，所谓“发自肺腑”是真有其事。有时候我演讲完回家，会觉得整个肺是热的，而且三四个小时不消退。

语言与情绪的关系

我相信，语言和情绪之间还有更细腻的关系，是我借着吕湘这个角色所要探讨的。

舌根常常把恶毒咒骂的语言转成歌颂的文字，如“好个吕湘！”

好个吕湘！可以是赞美，也可以是咒骂，他可能等一下就会被砍头，也可能下一秒变成英雄。民间常常用这句话，就看你用什么情绪去说，意思完全不一样。而吕湘已经自我锻炼到一看这个人的肌肉跳动，就知道对方说出此话是褒是贬。这里语言又被颠覆了，本身有两种南辕北辙的意义，当你说“好个吕湘！”声音是从喉咙出来时，你已经恨得牙痒痒。所以语言是一个非常复杂的东西，绝对不是只有单一的意涵。就像前文所说，不要听他讲了什么，要努力去听他没有讲什么，这是文学最精彩的部分。

但是，一旦舌根用力，咬牙切齿，意义完全不同，就变成了恶毒的咒骂了。由于舌根看不见，所以，必须完全依靠左眼上那一条细致的肌肉带的隐约跳动才看得出来。

吕湘这一发现使他又有了新的研究的快乐。使他不仅在夜晚别人睡眠之后独自一人在房中做研究，当他对这种舌头扩及人的嘴脸的变化研究到得心应手之时，吕湘便常常走到街上去，看着大街上的人，看他们彼此间的谈笑、和蔼可亲地问好。只有吕湘自己知道，他并不是在听他们说什么，而是在听他们“没有说什么”，那丰富的人的面容肌肉的变化真是有趣极了。

读者可以想象，写这段文字的作者，在那段期间亦是常常走在街上看人说话，却是听不到声音的。

当我们用超出对话的角度去观察语言，语言就会变成最惊人的人类行为学，远比任何动物复杂，这里还牵涉到很多人际关系，例如前面提到的宋江和阎惜姣，夫妻之间的语言别人很难了解，他们可能是在打情骂俏，别人听来却是像吵架。

张爱玲的小说写得极好，一对夫妻在街上吵，丈夫说出的话恶毒得不得了，甚至要动手打妻子。旁人看不下去报了警，因为当时正推行新生活运动，丈夫不可以这样对待妻子。正当丈夫要被抓进捕房时，妻子一把推开警察，拉着丈夫说："回家吧！回家吧！回家你再骂再打。"这是夫妻之间的语言，并非一般人从字面上了解的状况。

我相信语言也建立着一种"他者不可知"的关系。罗兰·巴特在《明室》这一本讲摄影美学的书中开头就说，他的母亲过世了，整理母亲的遗物时，在抽屉中看到母亲五岁的照片，他突然深刻地感觉到原来母亲真的五岁过。因为母亲的五岁对他而言是不存在的，他也无法了解，借由母亲的照片，他开始探讨摄影、影像的意义和价值。

我想，语言就如同这张照片，常常会变成个体和个体间一个不可知的牵系。

又好比我的母语，是母亲给我的语言，这个语言对我而言就像紧箍咒，我不常用这个语言，只有去看母亲的时候，会跟她说母语，而当我说出这个语言时，我整个人的角色都改变了，我平常的逻辑、平常的人性价值都消失，变成了母亲的儿子。

一九八八年我到西安，我的母语就是西安的地方话，所以一下飞机我觉得非常混乱，满街的人都是用我的母语在交谈，那是一种很怪异的感觉，他们和我很陌生，但是他们的母语竟是我的母语。

我相信每个人都有自己的母语，那是不容易理解的，它以另一种记忆模式存在基因和身体里面，会变成很奇怪的东西。因为母语对个人的意义难以形容，我们常常会不自觉地就不尊重别人的母语。

我最近在读夏曼・蓝波安的书，他来自一个只剩下两千多人的兰屿达悟族，如此努力地想要找回他的母语，可是这个语言从日据时代就已经消失了，当他的族人会说闽南话、普通话，就是不会讲达悟语，母语带给他的哀伤，对他生存所产生的意义会是什么？我反复地读他这本得奖的小说《海浪的记忆》，写他父亲八十几岁蹲在兰屿的海边，他说："父亲是很低的夕阳了。"

他用汉字写，可是我们知道，汉语不会用"很低的夕阳"，而会用衰老、将死、迟暮。夏曼·蓝波安没有用这些字词，而是坚持达悟语的特殊语言模式。

沟通的开端

我们可以用类似西方符号学的方法，把语言重新界定为“既精确又误导的工具”，语言本来就是两面的刀，存在一种吊诡：一方面在传达，一方面在造成传达的障碍。所以最好的文学就是在语言的精准度里制造语言的暧昧。

这种暧昧就像你在心情茫然时到庙里抽了一支签，你很希望这支签会告诉你应不应该继续交往、要不要投资，可是签文绝不会告诉你应该、不应该，会或不会，而是给你一个模棱两可的答案。

我有一个学生做金属工艺，好不容易存了点钱想开店，又怕血本无归，就到庙里求了一支签，签上写着：董永卖身葬父。他想：“完了，卖身葬父是很惨的状况。”他跑来告诉我这件事，我觉得很有趣，因为董永没有钱埋葬父亲，就插了一个草标跪在街上要卖身，后来感动天上的七仙女下凡来帮他，之后他荣华富贵，过着像神仙一样的生活。那么这支签究竟是好或不好？

语言的暧昧性就在于此，它可以这样解释，也可以那样解释，既精确又误导。

再谈回到《舌头考》，和《热死鹦鹉》一样都是没有结局的小说。

回到中国以后，吕湘一面进行他有关舌头与中国母系社会关联的论文，一面常常跑到街上，继续深一步了解一根舌头所可能在人的身上发生的复杂作用。

他有点惊讶于街上行人左眼下那一带两厘米宽的肌肉的急速扩大。在短短几星期中已有着坟起而且变成酱红色的趋向，甚至到了肉眼也不难察觉的地步。

吕湘有点不安。他想起平反时那个语调温和的称赞他的干事。他又无端想起在芝加哥的讨论会上自己的没有离席是否落了什么把柄。他变得有点神经质，走在东安大街上，一个人笑吟吟过来问路，吕湘像见了鬼一样“哇”地一声跳着跑开了。

他在北京社科院敷衍了事地做了一点言不及义的报告，并没有透露丝毫他从乌里兹别克教授那里得来的启发以及他目前正在进行的研究。

他匆匆回到了湖南，失魂落魄，一个人站在街角看着行人。

吕湘怪异的行为引起人们的议论，呼应了上一篇所提及的，群体文化无法容忍一个特立独行的人，因为他们猜他得了艾滋病。

乡里无事的女人们便开始传说吕湘因为长期单身，又上了趟美国，在旅馆半推半就玩了一个妓女，染患了不治的艾滋病。而艾滋病的初步症状就是喜欢站在街上看人，把病传染给八字弱的人云云。

我们不知道实际情况是不是这样，但是已经没有人敢靠近吕湘，只敢远远地对他指指点点。这是群体文化里常见的现象，也是一个众口铄金的例证，语言的力量如此大，大到足以熔化金属。

事实上吕湘还是头脑清醒的，他从北京回到家乡之后，一直记挂着全国人的左眼下那逐渐坟起而且发酱红色的一条肌肉，没办法专心继续有关舌头与女性进化的研究。有一次他听说乡里来了一个台湾同胞访问团，便也跟着大伙跑去看。乡里的人因为怕被传染艾滋病，都离他远远的。吕湘一人大摇大摆走到访问团的巴士前，一个台湾重要的来访者看吕湘气派不小，以为是高干，便立刻摇着“台湾同胞访问团”的小三角旗，快步趋前和吕湘握手，亲切地叫道：“同志！”

不料，吕湘“啊！”地大叫一声，直愣愣看着这位台湾同胞的左眼下方。不一会儿吕湘就倒地昏厥了。送医不治，死时只有五十三岁。

我不知道这算不算结局？

吕湘死后，“留下白发的老娘，每天夜里手执一把纯钢的大刀在空菜板上一声声剁着”，我小时候确实看过邻人这么做，妈妈说她在招魂，我不太确定，只记得这件事，就把它写成了吕湘的母亲。“一面剁一面骂道：‘天杀的，回来，天杀的，回来。’据说，这是湖南乡下一种招唤亡魂的方法。”

写到这里，会觉得有点哀伤。我常觉得自己写小说时，就像在幕后操作布袋戏的人，操弄着好几个角色，有时候觉得好笑，有时候觉得难过。而当我写到这里时，我会想，吕湘的母亲到底是愚昧还是动人？其实我分不出来。我想到小时候乡间的习俗，是在很无奈的状况下，用一种既像咒骂又像歌颂的方式诠释生命。对吕湘的母亲而言，她唯一的儿子死了，她的儿子走过“文化大革命”，又从美国回来，却被村人传言得了艾滋病，最后莫名其妙死了，她不得不死命地挥动那一把纯钢的大刀，她在剁的究竟是什么东西？就留给读者去填空了。

最后，故事还有一段结尾，与其说这是结局，不如说是个寓言吧！

吕湘的手稿也经由省里的文联整理，发现了他新近有关《舌头考》的手稿。但只有寥寥数十字，没有什么研究价值。为了纪念，便作为遗稿，刊登在一个不太有人看的文联机关报上：

吕湘同志遗稿《舌头考》：

这个种族连续堕落了五千年之后，终于遭到了惩罚，被诸神诅咒，遭遇了厄运。厄运开始是从妇人和像妇人的男子们的口舌开始的……

我想说的是一种语言的孤独，当语言不具有沟通性时，语言才开始有沟通的可能。就像上一篇所提及，孤独是不孤独的开始，当惧怕孤独而被孤独驱使着去找不孤独的原因时，是最孤独的时候。同样地，当语言具有不可沟通性的时候，也就是语言不再是以习惯的模式出现，不再如机关枪、如炒豆子一样，而是一个声音，承载着不同的内容、不同的思想的时候，才是语言的本质。

革命者迷恋自己年轻时候的洁癖，
而且深信不疑。

三篇

At the Third

革命孤独

九〇年代在台北如火如荼展开的学生运动“野百合学运”，很多人应该都还有印象，那时候大批的学生驻满中正纪念堂和台北车站，表达他们对社会改革的热情和愿望。

所谓学运，在我的学生时代，即台湾的“戒严”时期，是想都不敢想的，这个念头从未在脑海出现。延续保守传统的想法，总觉得学生罢课游行搞运动如同洪水猛兽，直到我去了巴黎求学才改观。

很多人都知道，一九六八年巴黎发生过一次学生运动，称为“五月革命”，当时学生领导法国工人包围政府，把巴黎大学作为运动本部，对社会的影响非常大。

我在巴黎读书时，不管任何一个科系，特别是人文科系，包括社会学、政治学、文学、美学等学科，教授在上课时都会不断地提到“六八年，六八年”；六八年变成一个重要的分水岭，六八年以前是一个保守的、传统的法国，六八年之后则是一个革新的、前卫的、可以容纳各种看法的法国。

巴黎学运的冲击

我到巴黎是一九七二年，已经是“五月浪潮”发生后四年，学运仍未结束。偶尔在上课时，会突然听到楼上“砰！”的一声，老师立刻要所有学生疏散，然后就会看到担架上躺着一个全身是血的人被送到医院。

学运和暴力结合，使我们这些从台湾去的学生感到恐惧，好像是政治暴动一样。

记忆深刻的是，有些年轻老师或是高年级的学长，会在学生发动罢课时，带领同学坐在公园或是校园里，一起探讨罢课的原因，讨论当前的政治制度、措施，每个人都会表达自己的看法。我必须承认，这些讨论改变了我对学运的看法。

在战后的戒严时期，台湾没有机会了解所谓的社会运动，在《戒严法》里即明文规定不能罢课或罢工。所以在法国对学运的所见所闻，对我自己是一个巨大的撞击，而这个撞击牵涉一个问题：如果所谓的民主来自于每一个个人对于所处的政治、社会、文化、环境的个人意见，那他应不应该有权利或资格表达他的意见？

由于我们这些学生来自一个较封闭的社会，到了法国，对学运会出现两极化的反应：一种是非常恐惧学运，完全不敢参加，不敢触碰。我记得和我一起留法的朋友，回台湾后担任政府的高层工作，有时候我们私下谈起时，会笑他在巴黎待了好几年，得到博士学位，只认得一条地铁的路线，就是从家里到学校，其他一概不知。他代表了当时学生留学的一种心情：我把我的专业读好，我不要去管其他不相干的事。

我是属于另外一种。因为自己学的是人文，对于文化的本质有很大的兴趣，因此对于学运，在某一种对政治运动的恐惧、置身事外的感觉之余，会有一种好奇。

从小父母就常对我说："什么都可以碰，就是不要碰政治。"我想很多朋友都曾经被父母如此告诫过。因为台湾经历过白色恐怖的年代，使个人对政治会联想到一个不寒而栗的结局，当时我心想："我喜欢画画，我喜欢文学，和政治无关，大可放心。”

然而，我还是隐约感觉到身边有一些事情在发生。

巨大的心灵震撼

我经常提起高中时的英文老师对我影响很大，他就是非常有名的小说家陈映真先生。他带我们读小说、读现代文学，以及读台湾一本很重要的杂志《文学季刊》，有时候也会带我们去看戏。我记得高一时，我的英文不是很好，他带着带着，到后来已经可以读英文版的《局外人》。

大概在我大一时，陈映真老师被逮捕，那个年代一个人被抓不会有报纸报导，大家都不知道原因，就这么失踪了，接着出现各种传说，使大家觉得很恐惧。在老师被逮捕前的一个星期，我在明星咖啡屋和他聊天，那时候我已经参加了诗社，对诗有一种很浪漫的看法，觉得文学就是文学，是一种很唯美、很梦幻的追求。当我说出我的想法时，平日很有耐心的老师，却显得焦虑、不耐烦，他对我说了一句很重的话，他说：“文学不应该那么自私，文学应该关心更多人的生活，走向社会的边缘，去抨击不正义、不公理的事情。”

当时听了他的话，觉得有点反感，心想老师怎么这么武断，这么决绝。对于一个充满文艺美学梦幻的年轻人而言，陈映真老师的理论让我觉得很受伤。

一个星期后，他被逮捕了，我听到一些传言，说他成立了一个组织，又说他翻译了马克思的论著，说他的组织里的人接连被逮捕了……我想起了在明星咖啡屋时他的这一段话。

再见到陈映真老师时，已经是七年之后，他从绿岛出来，我从法国回来，彼此都经历了一些事。我自己从被父母耳提面命“不准碰政治”到在巴黎时，听到每一个人在午餐、晚餐、下午茶时间都在谈政治，感受到六八年后法国人对政治的热烈激昂，随时可能会有一个同学站起来高声朗诵出聂鲁达的诗。我突然发现，革命是一种激情，比亲情、爱情、比人世间任何情感都慷慨激昂。

对我来说，革命在巴黎的街道上变成了诗句，聂鲁达的诗不只是诗，而是回荡在街头上的歌声。

在前几年上映的《邮差》这部电影中，你可以看到连邮差都受到聂鲁达诗的影响，因为它不只是诗句，是革命的语言，会带给你一种巨大的心灵上的撞击和震撼，让你觉得可以放弃一切温馨的、甜美的、幸福的生活，出走到一个会使自己分崩离析的世界。

革命是一种青春仪式

在法国读书时，我发现革命有一种很吸引人、但说不出来的东西，和我从小所理解的恐惧不一样，使我也开始跟着要好的法国朋友，绑上头巾，跟着游行的队伍前进。整个五月大概都是在罢课的状态，而去过巴黎的人就会知道，五月的巴黎天气好得让你不想上课。后来我发现每次革命、每次学运都选在五月，不然就是在秋高气爽的十月，很少有学运选在凄冷的季节，大概即使要革命也要选一个好天气吧！更有趣的是，有时候同学还会问我："我今天要去示威，你觉得我穿哪一件衣服比较好？"

原来学生运动不像我想象的那么可怕，反而有一种嘉年华会似的东西，包括朗诵聂鲁达的诗，包括选一件示威游行的衣服，革命是可以重新注解的，或许，革命是因为你的青春，并且转化为一种青春的仪式。

我突然懂了某位西方作家说过的一句话："如果你二十五岁时不是共产党员，你一辈子不会有希望；如果你二十五岁以后还是，你这一辈子也不会有什么希望。"原来他说的"共产党"就是革命，讲的是一个梦想，当你二十五岁时有过一个激昂的梦想，一生不会太离谱，因为那是一个乌托邦式的寄托；可是二十五岁以后，你应该务实了，却还在相信遥远的梦想，大概人生就没什么希望了。

从这句话里，我们也可以看到革命跟诗有关，跟美学有关，而它最后导致的是一种巨大的孤独感，因为唯有孤独感会让人相信乌托邦（Utopia）。“乌托邦”这个词是音译的外来语，但在汉字里也有意思，代表“子虚乌有寄托出来的邦国”，它是一个实际上不存在，可是你心里相信它存在的国度，且你相信在这个国度里，没有阶级，人可以放弃一切自己私有的欲望去完成更大的爱。唯独年轻人会相信乌托邦，而寻找乌托邦的激情是惊人的。

当我与多年未见的陈映真老师碰面时，他对我的印象还停留在与他辩论诗的意义，争得面红耳赤，我告诉他：“写诗是一种绝对的个人的唯美，我没有办法接受你所说的，文学应该有更大的关怀。”他不知道七年之中我在法国经历的一切，我也很少对人说起，只有在自己的小说《安那其的头发》中透露了一点点。

托尔斯泰与克鲁泡特金

安那其（Anarchism）是我在法国参加的一个政治组织，又译为无政府主义。这个流派起源甚早，在十九世纪的俄国就开始了，创始人是巴枯宁（Mikhail Aleksandrovich Bakunin）和克鲁泡特金（Peter Kropotkin），这两个人基本上是俄国贵族；许多革命运动的发起人都是贵族，其过程也相似：先是对生活感到不满，继而在沉沦糜烂的贵族生活中感到存在的孤独，最后选择出走，例如托尔斯泰。

托尔斯泰是一位伯爵，拥有很大很大的农庄，但是在他的作品《复活》中，他重新回顾成长过程中身为贵族的沉沦，以及拥有土地和农奴带给他的不安与焦虑，他决定出走。我认为托尔斯泰最伟大的作品不是《复活》也不是《战争与和平》，而是在他垂垂老矣时，写的一封给俄国沙皇的信。信中，他没有称沙皇为皇帝，而是称他为“亲爱的兄弟”，他写道：

我决定放弃我的爵位，我决定放弃我的土地，我决定让土地上所有的农奴恢复自由人的身份。

那天晚上把信寄出去之后，他收了几件衣服，拎着简单的包袱，出走了。最后他死于一个名不见经传的小火车站，旁人只知道一个老人倒在月台上，不知道他就是大文豪托尔斯泰。

我觉得这是托尔斯泰最了不起的作品，他让我们看到革命是对自己的革命，他所要颠覆的不是外在的体制或阶级，而是颠覆内在的道德不安感。

回过头来看，什么是安那其主义？怎么可能有无政府的状态呢？

我们可以轻易地找到克鲁泡特金的著作，翻译者是巴金。这位中国老作家笔名的由来，就是取自巴枯宁和克鲁泡特金两人名字中的第一个字和最后一个字，他在留学法国时最崇拜的偶像就是安那其的这两位创始人，所以他取了这个名字。巴金一生翻译了许多克鲁泡特金的作品，包括《面包与自由》《一个反叛者的话》等。

克鲁泡特金因为宣传革命被俄国政府驱逐，逃亡到瑞士，不能回归祖国，可是他一直用各种语言阐述无政府主义思想。我读克鲁泡特金的作品时，我必须承认，所受到的震撼大过于任何读过的文学作品。他竟然把文学当作现世之中一种可以自我砥砺的忏悔录形式在书写，一直到现在，我偶尔翻出他的作品仍然感动不已。

他在《面包与自由》中写道，他相信总有一天，面包不会再垄断在少数人手中。

现在我们会觉得："这个不难吧！"但对当时俄罗斯的穷人、农奴而言，面包的分享是一种奢望。然而，更大的奢望是克鲁泡特金的第二个主张“自由的分享”，他希望美、诗歌、音乐也能让所有的俄罗斯人共享。如果你看过高尔基写他的母亲做着粗重的工作，还要忍受丈夫穿着皮靴拳打脚踢，就会知道俄罗斯的社会阶级分明，穷人与妇人地位之低下，宛如动物，连民生需求都无法获得满足，哪有可能分享诗歌、音乐之美？简直是梦想。

没错，就是梦想。革命者自己营造出来的乌托邦国度，多半是现世里无法完成的梦想，总是会受到世俗之人所嘲笑，因此他是孤独的。

克鲁泡特金晚年流亡瑞士时，完成自传体著作《一个反叛者的话》，他称自己是“反叛者”，他反叛阶级、反叛国家、反叛宗教、反叛家庭、反叛伦理，他反叛一切人世间的既定规则，企图回复单一个体本身做一切的反叛。每次看完《一个反叛者的话》——克鲁泡特金最后一本著作，我的眼前就会出现非常清楚的革命者的孤独感。

赢了政权却输了诗与美

我想，很多人都无法接受，我将革命者定义成为“某一种程度现实世界中的失败者”吧。

《史记》里有两个个性迥异的人物：刘邦和项羽，你读这两个人的故事会发现，刘邦的部分真是没什么好读的，甚至有点无聊。但刘邦真的是这么乏善可陈吗？不然，是作者司马迁对他没什么兴趣，因为他成功了。作为一个历史的书写者，司马迁对于现世里的成功者其实是不怀好感的，这里面不完全是客观的对错问题，而是主观的诗人的抉择，他选择了项羽作为美学的偶像。所以我们今天看《霸王别姬》，不管是电影或戏剧，都会为霸王与虞姬告别、在乌江自刎而感动，它根本就是一首诗。

我们不能确定历史上的楚霸王是不是真的如此浪漫，可是，司马迁成功地营造了一个革命者美丽的结局和孤独感，使得数千年来的人们都会怀念这个角色。

这是不是就是文学的职责？文学是不是去书写一个孤独者内心的荒凉，而使成功者或夺得政权的那个人感到害怕？因为他有所得也有所失，赢了政权却输了诗与美。

我们从这个角度解读《史记》，会发现司马迁破格把项羽放在记载帝王故事的《本纪》中，并且在最后“太史公曰”中暗示“舜目盖重瞳子，项羽亦重瞳子”，将项羽与古代伟大的君主舜相比。最精彩的还是司马迁写项羽的生命告别形式，诚所谓“力拔山兮气盖世”，把项羽的性情都写出来了，完全是一个美学的描述。

我想，刘邦在九泉之下读到《史记》，恐怕也会遗憾，他赢得了江山，却输掉了历史。后人怎么读《史记》也不会喜欢刘邦，却会对项羽充满革命孤独感的角色印象深刻。

从严格的史学角度，我会对项羽的真实性格产生怀疑，但项羽的英雄化正代表了司马迁内心对孤独者的致敬。所以，你可以看到《史记》中所有动人的场景，都跟孤独有关。

例如屈原，当他一切理想幻灭，决定要投汨罗江自尽前，“被发行吟泽畔，颜色憔悴，形容枯槁”，他回复到一个诗人的角色，回到诗人的孤独，然后渔父过来与他对话。我不禁怀疑谁看到憔悴的屈原，又是谁看到他和渔父说话？是渔父说出来的吗？

然而，我们读《史记》时不会去追究这个问题，因为美超越了真假。我们愿意相信屈原就是“被发行吟泽畔，颜色憔悴，形容枯槁”，一个孤独革命者的形象。

《史记》里还有一个非常美的画面，是关于荆轲。荆轲为了燕太子丹对他的知己之情，决定要去行刺秦王，而他也知道当刺客是一去不回的，所以在临行之时——司马迁真的非常善于书写孤独者的告别时刻——所有人都是穿白衣素服来送行，送到易水之上，“高渐离击筑”。这里依据作家张承志的考证，“筑”是一种失传的乐器，据说是一片薄薄的像板子一样的东西。高渐离把铅灌注在筑里，拿筑去行刺秦始皇。

在告别时刻，高渐离击筑发出高亢的声音，然后大家唱“风萧萧兮易水寒，壮士一去兮不复返”，这是生前的告别，人还活着却是死亡的形式。

不论是项羽、屈原或是荆轲的告别画面，都是让我们看到一个革命者孤独的出走，而他们全成了美学的偶像。相对地，刘邦、楚怀王、秦始皇全都输了。我们可以说，司马迁是以《史记》对抗权力，取得权力的人，就失去美学的位置。这部书至今仍然有其地位和影响力，未必是在历史上，更可能是因为一个人的性情和内在的坚持。

革命者等于失败者？

因此再思考“什么是革命孤独”的问题时，我会把革命者视为一个怀抱梦想，而梦想在现世里无法完成的人。梦想越是无法完成，越具备诗的美学性，如果在现世里梦想就能实现，那么革命就会变成体制、变成其他的改革，而不再是革命。

今天在我这样的年龄，回想大学里诗社的朋友，毕业之后，此去艰难，每个人走到不同的路上去；有的人从政做官，也有人继续在南部村落里教书，相信他当年相信的梦想。有时候我会想，也许有一天我也要写《史记》，那么我的美学偶像会是谁?

一个社会里，当人性的面向是丰富的时候，不会以现世的输赢作为偶像选取的依据。就像《史记》里，动人的都是现世里的失败者，项羽失败了，屈原失败了，荆轲失败了，可是他们的失败惊天动地。

《史记》里还有另一种革命的孤独，迥异于政治革命者，我要说的是卓文君。我们可以想象，一个新寡的女子遇到心仪的人，在社会道德体制的规范下，她是否有条件或被允许再谈一次恋爱？这在今天都还是一个棘手的问题。但是在司马迁的《史记》里，司马相如看到新寡的卓文君，没有想到要遵守什么体制礼教，只觉得她真是美，就写了《凤求凰》去歌颂她。霎时，卓文君被打动了，发现她还可以再去追求生命里最值得追求的爱，但她也因此必须对抗她的父亲卓王孙。

卓王孙是四川有名的富豪，就算要改嫁女儿，也不可能让她嫁一个穷酸小子，所以他先是搬出礼教教训卓文君，并且警告她如果一意孤行，家产一毛都不会给她。

我们提到革命的孤独都会联想到政治，但真正困难的革命往往是道德的革命、礼教的革命。我将卓文君视为一个革命者，就是因为她听到父亲的威胁后，当场与父亲决裂，和司马相如私奔。最厉害的是私奔也不跑远，就在爸爸家门口当垆卖酒，真是把爸爸气死了。《史记》里还写道“相如身自着犊鼻裈”，“犊鼻裈”是有点像丁字裤的衣着，因为是卖酒的劳动阶级了，穿着当然不可能太漂亮。

卓文君所进行的革命，恐怕是比项羽、荆轲更难的。我们看到男性的革命者总会以决绝的姿态出走，情绪非常悲壮，得到许多人的认同；而女性的革命少了壮烈的气氛，却是加倍困难，因为捆绑在女性身上的枷锁远多于男性，当她要颠覆所有的礼教、道德加诸在她身上的束缚时，是一场伟大却不容易被理解的革命。

所以，我觉得司马迁真了不起，他为这个文化找到许多出口。今日我们还在议论一个女人的贞洁，表示我们都不如两千年前的司马迁。他没有用道德议论卓文君，他用真正自我的出走去歌颂这个敢作敢当的女子，至于“敢作敢当”是对或错，是她个人的事情，与他人无关。很多人说司马相如最后还不是变了心，而嘲讽卓文君“既知今日，何必当初”，可是我认为卓文君对她自己的选择清清楚楚，这就是一个革命者，而革命者不管承担的是政治的压力、道德的压力，都无怨无悔。

那么，为什么革命者大都是失败者？为什么不把“革命者”这个角色给成功的人？

因为成功的人走向现世和权力，在现世和权力中，他无法再保有梦想。

我观察当年在我家里喝酒唱歌的朋友，当他变成政府高层之后，很多的考虑都不再是出自梦想，这个时候我们大概知道该和他保持一段距离了。其实我对他有同情，我知道在权力当中，人不见得完全没有梦想，但他的梦想必须收敛，讲得好听一点，就是“务实”，讲得难听就是没有梦想了，也不再是诗人了，更不会再高声歌颂聂鲁达的诗。

完成美学的诗需要孤独感，可是现世的繁华难以保持孤独感。所以我说“革命者”是现世的失败者，因为他们没有成功而保全了革命的孤独。

自己无法控制的状态

不知道你有没有发现？古今中外许多令人怀念的革命者都是诗人。我想这是因为诗人一直在追求激情，当他发现写诗不如革命激情时，他就去革命了。所以你可以感觉得到好多这一类的人，屈原是一个例子，他的诗写得极好，《九歌》《离骚》是用文字在写诗，当诗人的孤独发展到极致时则是用血泪写诗，所以屈原和托尔斯泰一样，写得最好的一首诗，是他在最后出走前的告别。

近代有一位备受争议的人物：汪精卫，他在十七八岁时，梦想着中国的改革，所以他去刺杀慈禧太后、刺杀五大臣，后来事泄被捕，在狱中写了一首诗，末两句是："引刀成一快，不负少年头。"年轻的头就是要去革命，何必留在脖子上？何等豪气。因为很多人欣赏他的诗，他被免除死刑，反而造成悲剧性的一生，他被释放出来后走向现实政治，与他所有的梦想、所有的诗发生矛盾，他的革命孤独也因此破灭。

革命孤独其实是一个连自己都无法控制的状态，比起当时同样怀抱着梦想的另一群人，林觉民、徐锡麟、秋瑾、陈天华、邹容……被后人称为"黄花岗七十二烈士"，汪精卫恐怕真的会想"引刀成一快"吧！

黄花岗七十二烈士是我学生时代的偶像，有一段时间我很喜欢去台北中山纪念馆看廊上的黑白老照片，当我看着那些照片时，我看到了青春。他们大多是二十岁出头，生命就没有“后来”了。虽然有时候生命有“后来”反而是更大的难堪。

我想，青春的美是在于你决定除了青春之外，没有任何东西了，也不管以后是不是继续活着，是一种孤注一掷的挥霍。

我在翻开早年的日记时，吓了一跳，我竟然曾经在生日当天写下：“我决定不要活过二十一岁，活过二十一岁是很可耻的。”我在十几岁时写下这句话，可以说我后来都是“可耻”地活着。

年轻就是会有这样的梦想，相信青春逝去之后，就不会再有任何让你动心的事情了，所以会有一种挥霍的心情，对于现实完全不在意。所以秋瑾走向死亡，林觉民走向死亡，徐锡麟走向死亡，都是相信青春背后没有东西了，就此了断。我当时会把他们当作偶像，就是因为他们带给我一种青春糅杂着悲剧的感动，就像一首最美的诗。

如果你看过秋瑾的照片，你一定也会觉得：“怎么那么美？”而且你注意一下，她的美是超越性别的，很少有人的美可以超越性别。照片中的她英气逼人，穿着日式和服，手里拿着一把匕首；我不知道她是以什么样的心情拍下这张照片，但这张照片一直放在我书桌玻璃垫下。那是一种把生命活出极致的美！

其实秋瑾来自一个保守的大家庭，父亲做官，替女儿选了一个当官的夫婿，他们结了婚，夫妻感情也很好。有人猜测秋瑾是婚姻不幸福才会去革命，其实不然，革命者往往是受到最多的宠爱，当他感觉到要与人分享这份宠爱时，他的梦想就出现了。前面提到的克鲁泡特金、托尔斯泰都是如此。

不要忘记托尔斯泰是伯爵，不要忘记托尔斯泰拥有广大的土地、众多的农奴，可是他内心有一个无法完成的梦想：他想要与人分享他的财富和地位，最后他只能对自己进行颠覆和革命。

活出自我的秋瑾

很少人提到秋瑾的家庭，她其实还有孩子，一家和乐美满。有个朋友写秋瑾的剧本时，把她的先生写成一个很坏的人，我向他抗议，请他重新去查资料。在一个女子要缠足、丈夫可以纳妾的社会里，一个丈夫为了成全妻子的好学，愿意拿出一笔钱送妻子去日本留学，我相信他是一个了不起的丈夫。

然而，秋瑾到了日本之后，视野打开了，不再是一个旧社会里封闭的女人，她认识了徐锡麟、陈天华等优秀的留学生，经常聚会喝酒、聊新的知识，并且一起加入了同盟会。在当时，同盟会是一个非法组织，加入者都抱着被杀头的准备，唯有充满梦想的人才会参加，也唯有年轻才不会在意杀不杀头。

秋瑾到日本之后，意识到东方的女性受到极度的压抑，被当作弱者，因此她的革命不只是政治的革命，更大的一部分是她对女权革命的觉醒与伸张。秋瑾在日本学武士刀、练剑，所以会拍下那么一张照片，象征女性的解放。

而一个可以容纳解放女性的男性团体，也必定是开放的。不知道大家能不能理解？在一堆不成材的男性团体里，女性要解放非常困难，她会被男性的观念所捆绑，由此推测，徐锡麟、陈天华等人都是优秀的男性，而秋瑾的丈夫也绝不是坏人。

不过，秋瑾觉察到自己与丈夫在思想上已经分道扬镳，她无法再回到那个保守的社会里，所以她为自己的生命做了勇敢的抉择——提出离婚。

这里有个很有趣的对比，在我们的政治生态中，向来强调夫唱妇随，鲜少有夫妻不同政党，或是太太去革命、丈夫去选举的事例。我们在政治圈中几乎找不到第二个秋瑾。

当然，秋瑾的孤独不论在当时，甚至在今日，都鲜少有人能理解。

幸运的是，秋瑾还有一群可爱的朋友。这些与她把酒言欢的留学生，知道秋瑾很喜欢一把剑，决定凑钱买下来送她，当他们在小酒馆里把剑送给秋瑾时，她当场舞了一回。我不知道那张持剑穿和服的相片是否为彼时所摄，但在秋瑾的诗中记录了此事，她说“千金不惜买宝刀”，原来那把剑所费不赀，耗尽千金，以至于一群人喝酒喝到最后付不起酒钱，于是秋瑾不惜把身上的皮大衣当了，要和朋友们喝得痛快，诗的下一句便是“貂裘换酒也堪豪”。

在秋瑾这首《对酒》诗中，第一句是男性对女性的馈赠，第二句是女性对男性的回报，由此可以看出这群年轻革命者的情感。而最后两句“一腔热血勤珍重，洒去犹能化碧涛”，意思是即使有一天热血全部流尽，也会变成惊涛骇浪，对社会产生巨大的影响。这就是革命者，这就是诗人呀！

后来，这群留学生回到中国，潜伏在民间，伺机而动，随时准备革命。心思缜密的秋瑾，不但有激情，也有理性，可谓当时回国革命者中最成功的一个。她隐藏了同盟会的身份，摇身一变为军校的校长，这所军校是受命于清朝官吏直接统辖，而这名官吏就是她的干爸爸，你看她多厉害！

这是一个女性革命者的智慧，她可以柔软的身段同时扮演多重的角色，不若男性革命者的刚烈。

然而，很少人想到，离婚以后的秋瑾要面对生命里巨大的孤独感。我相信，她和徐锡麟之间的感情是革命，也是爱情。所以当徐锡麟冲动起义，因为没有详密的规划而失败被逮捕，并惨遭清朝官员恩铭将胸膛剖开，活活地掏出心肝祭奠时，听闻徐锡麟死讯的秋瑾立刻起义，因此被捕。

我读秋瑾传记时，深深觉得秋瑾的死和徐锡麟有很大的关系，而徐锡麟就是当年提议买宝剑送她的人。这使我联想到，革命里有一部分的孤独感，也许是和爱情有关。

在革命里纠缠的情感非常迷人，非小儿女的私情可以比拟，他们是各自以“一腔热血劝珍重”的方式，走向诗的最巅峰。

在徐锡麟死后，秋瑾的起义可以说是一种自杀的形式。

秋瑾被捕之后，受尽所有的酷刑，被逼要写下所有参与革命者的名单，她只写下一个字“秋”，表示只有秋瑾一人。她顿了一下，接着写“秋风秋雨愁煞人”，又是一句诗。翌日清晨，秋瑾在绍兴的街市口被处以斩刑。

我第一次到绍兴，几乎是为了秋瑾而去，在那个街市口，我站了非常久，现在那里还有一个秋瑾的纪念碑。

我想，她是一个文学上、戏剧上尚且无法全面说出其影响力的女性，她一定会变成传奇，变成历史的传奇，变成如荆轲、屈原的不朽人物，因为她的生命活出了惊人的自我。

生命最后的荒凉

前面提过，鲁迅的小说《药》就是以秋瑾为主角。鲁迅也留日，且是绍兴人，他从小就在秋瑾被砍头的街市口走来走去，其内心受到的震撼不可言喻。所以，我认为鲁迅是一个非常了解革命者孤独的小说家。

鲁迅自己却不走向革命。当时每个党都希望鲁迅能加入，因为他的影响力实在太大了。可是，从头到尾，鲁迅没有加入任何一个党。

他保持高度的清醒。只是写文章感念年轻的革命者，他的学生柔石、胡也频都是在白色恐怖时遭到逮捕的年轻诗人，鲁迅为文时，甚至不能写出他们的名字，只能以散文《淡淡的血痕中》追悼。

一九一七年俄罗斯列宁革命前，帮助列宁的也多半是诗人，其中包括马雅可夫斯基、叶赛宁，他们在革命前奔走呼号，写了几首诗让大家在酒酣耳热之际可以高声朗诵，激动人心，但是在革命成功后，这两个人相继自杀了。

有一段时间，我的书桌玻璃垫下压着叶赛宁自杀后的照片，太阳穴上一个窟窿。我不知道为什么这么做。或者，是纪念诗人与革命者的孤独之间非常迷人的关系。

这些人的诗句多年来感动着每一个人，而他们的生命却多走向了绝对的孤独。

何谓绝对的孤独？就是当他走上刑场时，他感觉到自己与天地之一切都没有关联了。

而这部分，历史不会说。

后人讲到林觉民、讲到秋瑾、讲到徐锡麟、讲到陈天华，是从一个政治的角度称他们为“烈士”，所以他们慷慨赴义，死而无怨，历史不会写到他们也有孤独的一面，更不会提到他们生命最后的那种荒凉感。

秋瑾是在黎明之前被拖到绍兴的街口，对她而言，不但再也看不到真实的日出，也看不到整个国家民族的日出，漫漫长夜何等煎熬，这是生命最后的荒凉。而她的尸首曝晒数日，是不能去收的，谁去收谁就是同党，直到一两个星期后，她的好友吴芝瑛冒着九死一生偷回尸体，把尸体运到杭州埋在西湖岸边。

吴芝瑛也是不得了的人物。秋瑾很多资料能保留下来，就是归功于她一生的知己吴芝瑛。这些清代后期的女性，其所作所为，我们今日读来都要觉得瞠目结舌。

回到九〇年代台湾的学运，当时我在东海教书，担任系主任的工作，从电视新闻与报章媒体得知有那么多的学生集结在中正纪念堂过夜，有那么多的学生占据台北火车站，发表演说，要求与政府高层对话。

他们让我想起在巴黎的年代。

古今中外的革命者，都是诗人，
他们用血泪写诗，
他们用生命写诗，
他们所留下的不只是文字语言的美好，
更多是生命华贵的形式。

一旦革命成功，便不可能再是诗

但是，革命者若不是最后画下一个漂亮的句点，其实蛮难堪的。这是我一直想讲的矛盾，革命者的孤独应该有一个死去的自我，可是革命不就是为了要成功吗？为什么所有的革命者都是以失败者的角色在历史上留名？

革命者本身包含着梦想的完成，但是在现实中，一旦革命成功，梦想不能再是梦想，必须落实在制度的改革以及琐琐碎碎、大大小小的行政事务上，它便不可能再是诗。

如果你坚持革命者的孤独，就必须是像司马迁写《史记》所坚持的美学意识形态。并不是说不能当刘邦，我相信每个人都希望自己是刘邦而不是项羽，都想成为成功者而不是失败者，但是在美学之中，留下的符号总是一个一个出走的孤独者、失败者。

现在我经过台北火车站、经过中正纪念堂，十多年前学运的画面还会跃入脑海，而十多年前学生对我说“我不要搞政治，也不要参与这些东西”时，我说：“这不是政治，你那么年轻，去旁边感受一下那种激昂吧！”

说这话时，我一直回想到二十五岁时在巴黎所受到的震撼。

这么说好了，你的生命里有没有什么不切实际的梦想？没错，就是不切实际，因为青春如果太切合实际，就不配叫做青春了。

因为青春本来就是一个巨大的梦想的嘉年华。

参加学运的人不一定都是为了政治目的，包括我在巴黎一起参加学运的朋友，有些人就是因为男朋友或女朋友参加而参加，他们甚至不知道游行的议题到底是什么。但是，曾经感受过那份激昂的人一生都不会忘记。

我还记得当年经过中正纪念堂时，看到一个约莫大二大三的男学生，有一张很稚嫩的脸，已经被推为学生领袖了，他必须向大家发言，他必须懂得组织，这么多的学生光是吃饭问题、卫生问题就叫人头痛了。当他在台上讲话时，有时会羞怯，有时会说得不好，有时还会拨一下头发让自己漂亮一点；然后跳一个时空，这张脸可能到了“立法院”、“总统府”，仍然站在讲台上侃侃而谈……

这两张脸要如何去叠合？对我而言，就像秋瑾那张照片的问题。

后来这些人都变成很熟的朋友，也常常会碰到，我总是试图在他们脸上找回革命者的孤独感，如果我能够找到一丝丝的孤独，我会觉得很高兴，虽然我不知道会不会因为这个梦想，使他的官做得不伦不类?

这可能是我的问题吧!

也许我应该再写一篇有关台湾学运的小说，因为世界上很少有学运这么成功。当年参与野百合学运的人，今天都身居要职，这时候对于学运的反省和检讨，以及对参与的革命者内在孤独感的检视，会是一个有趣的题目。为什么十年来没有学运了?是社会都改革了吗?还是所有的梦想都不再激情了?

梦醒时分

七〇年代我在巴黎参加安那其组织，带头的是一个姓蔡的香港学生，记忆中他的头发很漂亮，我从来没有看过一个男性有这么美的头发，我发现他每次在跟大家谈克鲁泡特金的时候，旁边围坐的人都在看他的头发。就在那一刹那间，我有一个很奇怪的感觉：领袖应该很美的。

革命这东西真的很奇怪，它的魅力总是来自一些你无法说明的东西。

那个时候，我记得组织里不管是男性、女性都很迷恋他，每次他讲话讲到困顿的时候，会出现一种很奇特的表情，柔弱的、自责的……你可能会想，一个革命领袖怎么会是柔弱的，应该是很刚强的呀？事实就是如此，你可以注意一下，有时候我们投票给一个人，就是因为他的柔弱使你觉得心疼。

这位蔡姓领袖是我所接触到的第一个学运领袖，他所带领的团体整个变成美学。我们那时候住在巴黎的一个地下室中，大家睡在一起，有一台打字机，大家轮流打字，办了一个刊物叫《欧洲通讯》，里面有很多克鲁泡特金的无政府主义思想。很多人出去工作，例如我去做导游，赚了钱回来就放在一个筒子里，大家一起用。

我跟很多朋友讲过，后来我退出是因为发现有人偷筒子里的钱。那大概就是我的梦醒时分了吧！我觉得，如此高贵的团体里怎么会有这么肮脏的事情？

所以我们也可以说，革命者的孤独是革命者迷恋自己年轻时候的洁癖，而且深信不疑。你相信理想是极其美好的，而且每个人都做得到，你也相信每个人的道德都是高尚的，会愿意共同为了这个理想而努力。

我现在读克鲁泡特金的作品都是当作诗来读，因为他一直相信人类终有一天会不需要政府，自动自发地去缴税、去建设，不需要他人来管理。我年轻的时候相信他，现在的我则相信这个社会一定会有阶级，一定会有穷人与富人。

也就是说，当你有一天说出“哪一个社会没有乞丐？”时，就表示你已经不再年轻了。

然而，即使你已过了梦想的年岁，年轻时候的洁癖仍然会跟着你，在某一刹那中出现时，还是会让你寝食难安，让你想问：“是不是已经老了？是不是已经放弃当年的那些梦想？”

如果说年轻时的梦想是百分之百，过了二十五岁以后会开始磨损，也许只剩下百分之八十、七十、五十或是更少，但是孤独感仍在。即使都不跟别人谈了，仍是内心最深最深的心事。

所以在我的小说《安那其的头发》里，我描写野百合学运的领袖有一头美丽的长发，而一个叫叶子的女孩迷恋着他，可是他们之间的男女情感不会激昂过革命同志的情感，因为革命是为了一个更大的、共同的梦想。因此，叶子可以怀着身孕，仍然在广场上没日没夜任劳任怨地做着所有学运的事情；可是背后有一件事连叶子自己都搞不清楚：她迷恋的是头发，还是头发下面的信仰？

在古老的基督教神话中，大力士参孙的头发被剪掉之后就失去力量；而军队、监狱管理的第一件事就是剃光头——我清楚地记得上成功岭的第一个晚上，当所有人的头发都被剃光时，我感觉到大家都变一样了。

头发好像是个人独特性的一部分，一旦失去头发，个性就消除了。有人跟我说，监狱里再厉害的老大，一剃掉头发，就少了威势。头发好像有一种魔力，像是符咒一样的东西，影响人类的行为。

我在这篇小说里用了超现实的处理：在月圆的晚上，一阵风吹来，领袖缓缓拉下那一头异常美丽的头发，竟是一顶假发……从来没有人发现。

其实克鲁泡特金是一个秃头，他在瑞士写《一个反叛者的话》时，拍下一张照片，当时他已经没有头发了。这让我想到把头发的意象和革命者的孤独结合在一起，于是写下《安那其的头发》这篇小说。

革命者的自觉

我个人很喜欢这篇小说里的一段是关于夜晚的广场，这个场景是我在参加野百合学运时，坐在夜晚的中正纪念堂上得到的感受。

在白昼的激情过后，到了夜晚，广场上年轻革命者的叫嚣都沉睡了，我看到广场上一个一个的睡袋，一张一张稚嫩的脸，有的睡袋里是男女朋友相拥而眠，我突然有了另一种省思，并且感觉到自己与这些年轻生命的关联。如果说我爱上了革命者，大概就是在这个时刻。

作为一名女子，如果对所爱恋的男子的意见不断猜测，相信是坚决的安那其主义者的他所鄙视与反对的吧。

有一次叶子问起他有关女子头发长短的问题时，他有些不屑地回答说：

“解放的安那其的女性是不会以男子的悦乐为自己生存的目的的。”

他说完之后，似乎也自觉到对问话者不屑的表情。长久以来和平的安那其主义的内在训练使他立刻对自己的行为有了反省。他平息了自己的情绪，有些抱歉地抚爱起叶子的一头长发，安静地说："叶子，有关头发的问题，并不是安那其主义的重点。"

叶子同时感觉着党人的与男子的爱几乎是唯一的一次。大部分时间，她仍然无法调整好那来自肉体的悸动的贪恋与头脑思想中理性信仰的关系。

但是，结果她还是把一头长发剪短了。

她这样想：头发既不是为了取悦男子而存在，过去存留长发的许多近于梦幻的联想其实可以一并剪除。头发的确如领袖所言是最接近人类思考部位的产物，也因此沾带了最多与思想有关的意识形态的辩证在内。

叶子对着镜子，把一片及腰的长发拉成一绺，吸了一口气，决绝地一刀剪断了。叶子剪完头发，看着镜子里的自己，有一种焕然一新的感觉，仿佛被剪去的不是头发，而是她属于过去没有觉悟的女性的种种。

"革命，真正的革命并不是动刀动枪，而是革除掉脑中腐败、霸道、堕落的部分。"

党人们不是常常这样说吗?

叶子因此觉得从女性中解放了出来，第一次感觉着安那其不仅要解除人类在历史枷锁中有关“家庭”、“国家”、“民族”、“阶级”等腐败堕落的观念，也同时连带地要将历史加诸性别上的差异与主从性质一并解放了。

写这一篇小说时，我其实没有考虑到读者的阅读，我想很多读者对这一个领域相当陌生，原因之一是台湾在第二次世界大战后，思想是被垄断的，缺乏不同信仰之间的辩论，在戒严时代这是不可能发生的事情。就像我高中的英文老师陈映真先生，因为翻译了一篇马克思理论的小序言，印给他的朋友，就变成了一个政治事件。在这种情况下，我们缺乏思想思辨的习惯。不如巴黎人在午餐、晚餐、下午茶时，谈到一个政治事件就能提出自己独特的看法，甚至夫妻之间也会有不同的看法。

甚至当年参与学运的领袖都不一定拥有思辨的习惯。学运成功得非常快，大部分的学运领袖可能三十岁出头就变成政府重要的官员，他们没有时间继续保有革命者的孤独，去酝酿对其社会理想进行思辨的习惯。我的意思是说，他们一下子从受压迫者变成执政者，没有办法继续发展革命者的孤独感。

当我重读这篇小说，有一个特别的感触：一个社会里的失败者角色，其意义与重要性为何？司马迁的项羽、司马迁的荆轲，留在历史上，使失败者知道他就是该扮演失败者的角色，使他能发言去对抗成功者，才有所谓的思辨。

对于台湾学运发展的过程，一方面我们会庆幸对一个保守到开始腐败的政权，在最短的时间内引起社会的反省与检讨；可是另一方面，新的力量立刻取代旧的，反而无法延续反省与检讨。所以在小说中，叶子怀孕后离开领袖，她好像发现了原来自己是因为爱上领袖的头发才变成安那其的党人，当她离开后，又开始穿起小碎花的裙子、蕾丝边的袜子，回复到被安那其主义批评为“小资产阶级”的小可爱女性形态，但她觉得，她还是要回来做自己。

我当时隐约觉得，如果革命者不是因为充分认识自己而产生的自觉，革命会变得非常危险。

佛学与革命的纠结

清代末年有很多动人的革命者形象，其中之一就是谭嗣同，他是康梁政变六君子之一。他是学佛的人，却走向激烈的革命，康梁变法失败，清朝政府在逮捕党人时，他其实有充分的机会可以逃跑。但他对梁启超说："你一定要走，我一定要留。没有人走，革命无以成功；没有人留，无以告所有曾经相信这次革命的人。"他决定扮演走向刑场的角色。

我相信，谭嗣同内心里有一种空幻、一种虚无、一种无以名状的孤独，使其将佛学与革命纠结在一起。当他觉得生命是最大的空幻时，他会选择用生命去做一件最激情的事情，如同我在敦煌看到六朝佛教的壁画那些割肉喂鹰的故事，我想，那是非常激情的。

谭嗣同让我们看到一个孤独的革命者最高的典范吧！其性格延续到了共产党成立时另一个有趣的革命者：瞿秋白。

瞿秋白是一个学佛的文人，会刻印、写书法、搞诗词，但是他突然对文人世界的萎靡感到不耐，决定出走，所以在一九一七年听到俄国发生革命时，尽管对俄国一无所知，他还是进了同文馆开始学俄文，然后坐火车一站一站慢慢到了俄国。《饿乡纪程》就是记录这一段过程，描述与他同行的官吏在车上打麻将，和小太太玩得一塌糊涂时，他却在苦啃俄文，相信俄国革命成功了，中国革命也一定能成。

我们看到一个学佛、浪漫唯美的文人，却最早把共产党最重要的一首歌《国际歌》翻译为中文（原来是法国巴黎公社的歌曲，后来译成各种语言为全世界共产党党员所传唱）。瞿秋白回到中国以后，就变成共产党的领袖；但他终将成为《史记》里的失败者。在他成为领袖后，他突然发现自己不是一个领袖，他是爱美的、他是柔弱的，听说他和沈从文、丁玲、胡也频等人在一起时，也闹出一些“传闻”。

八一年我在美国见到丁玲，曾经亲口问她这件事，她矢口否认。不论传闻真假，革命者之间的感情原本就是世俗之人难以理解的。

胡也频后来被国民党枪杀，丁玲被安排化装成一名农妇连夜送到延安，蔡元培和瞿秋白都是保护她北上的关键人物。后来瞿秋白在福建被抓，关在长汀监狱，这时候他写了一本很重要的作品，后来在八〇年代由香港《明报》登出，叫做《多余的话》，这是他临终前的作品。

他在《多余的话》里，谈到自己根本不适合作为共产党，更不适合当一名领袖，他无法抛弃内心对唯美的追求。我想，如瞿秋白一样的人，将来都会是新《史记》里的重要角色，他们都是矛盾人性的组合，在整个时代的变迁中，其丰富的性格是最值得书写的。

瞿秋白最后要被枪决时，行刑者要求他转身，他说：“不必。”就面对着枪口，唱着自己翻译的《国际歌》结束生命。他留下一首诗：“夕阳明灭乱山中，落叶寒泉听不同。已忍伶俜十年事，心持半偈万缘空。”一个共产党领袖最后写出来的绝命诗，根本就是一个高僧的句子。

从谭嗣同到瞿秋白，他们都是失败的革命者，后面继承的人或许成功了，但就像《史记》里的刘邦，成功的人不会可爱，可爱的一定是这些失败的孤独的人。

文学有时候会看到一些边缘的东西，不一定是在当代论断。包括我自己在写《安那其的头发》这篇小说时，我一直在想着从清末民初到现代学运革命者之间纠缠与复杂的关系。

如果还有文学……

不知道大家是否还记得美丽岛事件？我当时从垦丁到高雄，正好遇到这个事件，卷入事件的人有很多是认识的朋友，包括小说家王拓。王拓的父亲和哥哥都是渔民，相继丧生海上，他在小说里写八斗子家族的故事，却在那个年代被套上“鼓吹阶级革命”的罪名受到挞伐。

我刚从法国回来，天真烂漫，就写了一篇序支持他，因此被大学解聘。这事现在回想起来还是觉得很过瘾——我为自己相信的东西，做了一个无怨无悔的选择。

王拓是当时的受压迫者、失败者，原本怀抱一个苦闷的梦想，为渔民的悲苦发声，使人相信文学应该要涉足生命的领域，但是今日的文学，如果还有文学，它的触手应该伸向何方？

前阵子，我打开电视看到两个人，一个是王拓，一个是诗人詹澈。詹彻在台东农会，是二〇〇二年农渔民大游行的总干事，我在编《雄狮美术》“乡土文学”时认识他，向他邀稿，当时在服兵役的他每次放假就会穿个军装跑到雄狮的办公室来找我，我们会一起谈他写的诗。后来他娶了女工叶香，回到台东从事基层的农工运动。在电视新闻里，我看到王拓和詹澈同时出现，前者代表民进党，后者是民间的声音。看到这个画面，我有一种好深好深的感触，他们都是我非常好的朋友，可是目前他们代表的其实是两种对立的角色。

这个社会当然需要不同的角色，也必须要有“务实”的人，可是从文学的角度来看，这两个人的对比立刻反映了角色的荒谬性。

二〇〇二年选举高雄市长，我看到选前宣布退选的施明德，想到在美丽岛事件发生时，我天天急着看报，就想知道他有没有被抓到。他一直在逃，就像一个小孩子与一个巨大机器的对抗，他的逃亡变成我的一种期待，我好希望他不要被抓。我想如果我要写新《史记》，我该如何定位这一号人物？他究竟是一个荒谬的过气人物，沾带着一个被人嘲笑的梦想，还是代表着一个巨大梦想破灭后，孤独的失败者？

我不在意政党政治，就我所相信的安那其信仰而言，安那其永远不会存在于权力之中，永远是在一个边缘、弱势的对抗角色。就像施明德，在那个年代曾经一度被喻为“廖添丁”一样的人物。廖添丁也没有做过什么事，不过是劫富济贫，可是民间会觉得这个人真的可爱，因为他用了一种顽皮的方法去对抗统治者这座巨大的机器。

巨大政治机器的角色在任何时代都不会改变，可是谁会是下一个廖添丁？或者，大家以为像廖添丁的角色是可以不存在了吗？

我不在意政党政治，我在意的是在家庭、在学校、在社会、在政治中，那个克鲁泡特金自称的“反叛者”角色，还在不在？

反叛者不会是政党里、家庭里、学校里、社会里那个“听话的人”，而是一个让你恨得牙痒痒的人，他扮演的是平衡的角色和力量。有的社会认为反叛者是急欲除之而后快；有的社会则是把反叛者视为“你”和“我”互动所形成的推力，我想，后者是比前者可爱多了。

同时，反叛者也不应该是被当政者所赞扬，或者说“收买”、“收编”的。《水浒传》里一百零八条好汉，都是因为各种遭遇而了解到自己与政权之间绝对对立的关系，最后被逼上梁山。可是，在小说最后作者留下一个很有趣的谜：到底宋江有没有接受招安？

有人认为宋江接受招安，成为政府的正规军，也有人认为他继续在梁山上替天行道；这两种结局使得一百零八条好汉的角色定位有了分际。

安那其主义其实是另一种形式的梁山泊，你自己知道内心里那个反叛者的角色，永远不被收买，永远不被收编。

难道学运到此为止？

学运昙花一现，但是社会里性别的问题、阶级的问题以及其他社会问题，都还需要有更多反叛者促使其觉醒，为什么不再有学运了？难道学运到此为止？下一个觉悟的学生会是谁？

如果我要动笔写一本现代《史记》，我将要记录谁？是荆轲，荆轲在哪里？是项羽，项羽在哪里？是卓文君，卓文君在哪里？我该如何书写这些决绝者在革命时刻的孤独感？

“革命”这个词义长期以来与“政治”画上等号，但我相信它应该有一个更大的意义，就是如克鲁泡特金所说的“反叛者”，是对自我生活保持一种不满足的状态进而背叛，并维持背叛于一个绝对的高度。

革命会被篡夺，革命会被伪装，革命会被玩弄于股掌之中，所以对真正的革命者更大的考验是：要在什么样的环境里去保有革命的薪火相传，才能把孤独心念传递？

我真的觉得革命并不理性，是一种激情。而古今中外的革命者，都是诗人，他们用血泪写诗，他们用生命写诗，他们所留下的不只是文字语言的美好，更多是生命华贵的形式。

而对台湾的学运，我总有一种矛盾的情绪，既高兴它很快成功了，又难过学运成功得太快，人性里最高贵的情操不足历练，人性的丰富性也来不及被提高，是一种怅然若失的感觉吧！

每每在电视上看到那些熟悉的面孔，在议堂中发言，我就会想起他们曾经拥有过的光彩，想起他们谈起理想时热泪盈眶的表情……我只能说，是不是有一个生命在他们心里消失了？在短短几年之中，他们忘了自己曾经相信过的那个巨大的梦。

我相信，现实的政治其实是梦想的终结者，如果现实的政治能保有一点点梦想，将是非常非常可贵。

至于书写者？

当司马迁在汉武帝年代写楚汉相争时，已是在事件发生七十年之后，这本禁书在知识分子间流传，让知识分子们有所警惕，知道自己的操守是会如此被记录的，我相信，这便是文学书写者所扮演的角色。

暴力会因为被掩盖而消失吗？
我不认为。

第四篇 At the Fourth

暴力孤独

在世俗的角度里，尤其是汉文化中，“暴力”两个字一向不是好的字眼，如果你注意到近代或现代的西洋美学，会发现有一个不陌生的名词，就是“暴力美学”。暴力美学用在绘画上、在电影上及戏剧上，指的是什么？我想以此作为暴力孤独的切入点。

第二次世界大战后，五〇、六〇年代之间，英国画家弗朗西斯·培根（Francis Bacon）在作品中画上一些不是很清楚，但感觉得出来的人体，彼此挤压着，好像是想征服对方、压迫对方，或者虐待对方。那种人体和人体的关系，那种紧张的拉扯，培根不完全用具象事物表达。观看弗朗西斯·培根的画，画面上有一种侵略性的或者是残酷性的力量，这种力量很大，观赏者并不清楚里面所要传达的真正意涵，却可以从画面中得到一种纾解、释放，感觉到快乐，这就是“暴力”和“美学”的结合。

暴力美学使得 Aesthetics（美学）这个词，不只表达表象的美，还包含着人性不同向度的试验。如果暴力是人性的一部分，那么在美学里，如何被传递？如何被思考？如何被观察？如何被表现？这些都变成重要的议题。

在培根之前，大约一九二〇年代，有很多德国表现主义的画家，就已经有暴力美学的倾向，画面上常常有很多爆炸性的笔触，有非常强烈的使视觉感到不安的焦虑性色彩，这些都归纳在暴力美学的范畴里。

潜藏的暴力本性

我们一向认为艺术是怡情养性，记得我小时候参加绘画比赛得奖，颁奖人对我说：“你真好，画画第一名，将来可以怡情养性。”听完，我的心情是矛盾的，我发现我在画画时，并不完全是怡情养性，我像是在寻找自己，揭发自己内在的冲突，所谓怡情养性，似乎是传统对于美学概念化的看法。

现代美学的意义和范畴愈来愈扩大，不只是一个梦幻的、轻柔的、唯美的表现，反而是人性最大撞击力的呈现。和德国表现主义同一时间出现的是法国的野兽派，马蒂斯就是这一派的画家，他的画作用了许多冲击性的色彩，巨大的笔触好像是要呐喊出一个最底层的、快乐的向往，这些都跟我们要谈的暴力美学有关。

第二次世界大战以后，暴力美学在西方美学领域，开始扮演非常重要的角色。六〇年代法国的“残酷戏剧”（Théâtre de la Cruauté），在小剧场的舞台上，用很多碰撞人性的元素，在剧场中造成惊悚和震撼的力量，和传统戏剧所表达的概念非常不一样。一直到现在，残酷戏剧的表现形式在西方剧场中，还是有很大的影响力，例如德国现代舞大师皮娜·鲍什（Pina Bausch）。

皮娜·鲍什的作品部分延续了七〇年代残酷剧场的东西，例如舞者从很高的地方往下跳，下一次的表演再从更高的地方往下跳，她一直在挑战观众对舞者在舞台上肢体难度的惊悚度。

小时候我很爱看马戏团，记得一九五一年左右，有一个沈常福马戏团，驯兽师为了让观众知道，这只狮子已经完全被驯服，就将自己的头放在狮子的嘴巴里，在那一刹那，我竟然出现一个很恐怖的想法，希望狮子一口咬下去！当时我的年纪还很小，当天晚上做的梦，就是那只狮子真的咬下去了。这个不敢说出来的、属于潜意识里的恐怖性和暴力性的念头，会让人处于一种亢奋的状态。我想，应该有一种奇怪的暴力美学潜藏在我们身体里面，只是大家不敢去揭发，并且随着成长慢慢视之不见了。

喜欢看马戏团表演的人就会知道，空中飞人若是不张网演出，那是最高难度的表演，往往会让当天的表演票卖得特别好。那些人意图去看什么？就是去看自己在安全的状态中，让他人代表着你，置身于生命最巨大的危险中。我们看高空弹跳、赛车、极限表演，都是借助观赏他者的冒险，发泄自己生命潜意识里的暴力倾向。

暴力美学可以探讨的议题，绝对不简单。一九〇〇年，弗洛伊德发表《梦的解析》，他认为性是人最大的压抑，所以潜意识当中很多情欲的活动会变成创作的主题跟梦的主题，可是他忘了一件事，暴力也是人的压抑。如果从人类的进化来看，人在大旷野中过着和动物一样的生活时，最暴力的人就会成为领袖，所以我们看到所有的原始民族身上会戴着凶猛动物的獠牙，表示他征服了这只动物，他是部族的英雄，这些獠牙饰品就是在展现他的暴力性。

我到阿里山看邹人的丰年祭，仪式进行中，他们会抬出一只捆绑的猪，让每个勇士上前刺一刀，让血喷出来，表示仪式的完成。一旁的人看了觉得难过，因为那只猪毫无反抗能力。但是这个仪式在最早的时候，不是用一只驯养的猪，而是一只冲撞的野猪，如西班牙的斗牛，人与动物要进行搏斗，这不就是暴力?

我们现在称为“暴力”，但在部落时代却隐含人类生存最早的价值和高贵的情操，部落的领袖都是因为暴力而成为领袖，他可以双手撕裂一只山猪的四肢，可以徒手打败一只狮子或老虎，过程绝对都是血淋淋的，在血淋淋的画面中，还有部族对成功者和领袖的崇拜与欢呼。

那么当领袖进入文质彬彬、有教养的时代，这个潜藏的暴力本性到哪里去了?

人类内在的黑暗

暴力美学其实隐藏了一个有趣的角色转换的问题。几年前，美国华盛顿发生恐怖事件，有人持枪在街上扫射，使大家都不敢出门，这是一个暴力事件，所有的媒体都谴责这项暴力。可是当我们注意到行凶者,其实是波斯湾战争的英雄,也就是说,这个人有两个角色，当他在伊拉克杀人的时候，他是被鼓励的，他是合法的杀人，他杀得愈残忍，获得的勋章愈多，当他回到自己国家时，他变成不合法的杀人犯，那么暴力到底是该鼓励还是谴责?

我想，我们可以把暴力分成两种：一种是合法暴力，一种是非法暴力；我们都在鼓励合法暴力，在战场上鼓励士兵杀敌，一旦战争过去了，他回到了一般人的生活，该如何延续他的生命？在越战的时候，就有人讨论过这个问题，七〇年代的电影导演弗朗西斯·福特·柯波拉（Francis Ford Coppola），其作品《现代启示录》（Apocalypse Now）也在探讨暴力美学的角色转换，影片依据康拉德（Joseph Conrad）的原著小说《黑暗之心》（Heart of Darkness）所改编，小说其实是虚拟了一个战场，探讨人类内在黑暗暴力的部分，柯波拉改以越战为背景，成就近代一部了不起的史诗性电影。

其中，有一幕惊人的画面，以瓦格纳歌剧交响乐搭配整队直升机进行大屠杀，堪称经典，让人印象深刻，那是非常惊人的暴力美学，你会在一刹那之间，搞不清楚这到底是不是暴力。那个投弹的美国人在那一刻简直成为上帝，你这个时候跟他讲暴力吗？他不会觉得那是暴力，那是伟大的戏剧。

暴力和美学的纠结，在人类历史起源甚早，我们听过暴君尼禄的故事，我觉得他是一个艺术家个性的帝王，热衷于娱乐、演戏，他以“伟大的艺人”自居。他最后一件作品是火烧罗马城，在历史上他被当成一个暴君，一个疯狂的皇帝，但是他在暴力和美学之间，投下了一个非常暧昧的点；如果你有权力，你会不会焚烧一座城市？这个问题是一个人性的挑战。我相信在我们的文化中，尤其是知识分子，始终不敢赤裸裸地去谈暴力的本质，在我们成长的过程中，这个部分变成最大的禁忌，但这并不表示我们对暴力美学不曾有过向往。

暴力转化成美学

不知道你有没有接触过黑道的世界、帮派的世界？

我从来没有混过帮派，可是从小学开始，身边一直有这样的朋友，一些大哥级的人物都会问我："有没有人欺负你呀？"小学五年级的时候，我遇到满身刺青的人，就会觉得他们很棒、很讲义气，会一直保护我。上初中时，他们有好些是在市场上卖菜卖肉，相遇时就会给我一大块肉，或是一大把青菜，我妈每次问我谁给的，我都不敢说实话。

帮派是在我所受教养之外的世界，我隐约觉得里面有一个惊人的仪式；偶尔他们透露出对兄弟的义气，那种两肋插刀的江湖豪情，我也觉得非常动人。这种情操是在政治的尔虞我诈里找不到的。这种暴力你如何看待？

中学的时候，班上哪些人混帮派，是竹联帮或是四海帮，大家都知道。从耳语中，我们会知道哪个人的屁股被捅了一刀之类的事。为何青少年特别容易发生这样的事？我相信跟潜意识中的某个东西是相通的。青少年的身体刚刚发育，内在原始的暴力欲望会爆发出一股征服的力量，那是原始的人类在自然和旷野中，以体能保护族群的遗传基因，在现代人身上没有完全消失，只是今天我们用道德将暴力划分为不好的、不对的，于是一种在原始社会里伟大的情操变成一种被禁止的行为。

陕西作家贾平凹的作品《怀念狼》，是一部有趣的小说，他说陕西很多狼，随时会出来吃人。狼有各种的计谋，会趁母亲不注意时吃掉小婴儿的五脏六腑；会伪装成人，用后肢站立，搭夜归人的肩膀，在他回头时一口咬住。狼在当地有很多的传说，而他们认同的英雄就是屠狼的猎人。后来狼愈来愈少，中央派来了几个环保专家，将狼编号，编了十五号，只剩下十五匹狼了，所以提倡保护狼，而屠狼的英雄就变成谋杀者。

这是一部了不起的小说，里面提到野蛮到底是什么？如果暴力是一种野蛮，我们的矛盾即在于人一旦没有了野蛮和暴力，以为那就是完美的人性了，实情却恰恰相反，人反而开始失去生存的力量。文明和原始，进步和野蛮可能同时并存吗？如何保有暴力，而把暴力转化成美学，我相信是暴力孤独者一个重要的过程。

满足暴力的欲望

在青少年的世界里，所有的行为都可能与暴力有关。因为他的身体发育之后，有非常旺盛的生命力，但心智的成熟度又还不能控制这股力量，使他觉得好像是身体要去做某些事情，他必须让他的手和脚去做那些事，才会觉得开心。我在巴黎看到有好多特别规划给青少年专用的空间，他们在那边玩、跳，做各种高危险的动作，而看到的人也会不吝惜地给予掌声。如果他们不这么做，可能就会去打架闹事，这个空间其实是在帮助他们将暴力转化为美学。

看过赛车吗？那真是暴力，很多选手一翻车之后，非死即伤，抬出来都是血淋淋的。为什么人们不禁止这项活动？大概是了解到人类文明的发展，对于暴力的评价就是两极的，你希望它不存在，又不希望它真的消失。不信你试试看，如果你的孩子没有半点发泄暴力的冲动，一点也不想挑战困难、危险的事，你会不会感到担心？我的意思是说，暴力的为难就在于，我们怎么让一个生命知道暴力没有绝对的好或不好，他必须有自己暴力发展与认知的过程，让他能控制内心里潜在的暴力？

现在的电影有两个分级的标准，一个是性与色情，一个是暴力，这两样绝对是人类跨入文明的两大禁忌，也就是人类“想要又不敢要”的东西。不要性，你觉得好吗？你觉得性不好，这个社会老是会有色狼、性骚扰，但如果你的丈夫或是你的儿子都没有性的欲望，你大概也会觉得麻烦吧！我们很少去想这么两极的问题，两极的问题容易引起争议，可是有两极就会有两难，而这样的问题就愈应该被提出来探讨。

性被拿出来讨论的机会愈来愈多，可是暴力始终还没有，因为暴力很容易被归入不道德、野蛮而试图将其掩饰。我相信暴力跟生存之间有密切的关系，是极复杂的问题。前文提到我小时候看马戏团的经验，马戏团的很多表演都有暴力的因子，这样的暴力到底满足了什么？

很多人都看过暴力电影吧！什么叫做暴力电影？不是列入限制级的电影才算，暴力其实无所不在。《泰坦尼克号》那场耸动的船难，所有人在极度悲惨状况中呼喊，灾难本身不也是一种暴力？为什么我们要花钱买票看灾难，而且还要求要拍得愈真愈好？因为拍得愈真，愈能满足我们潜意识对暴力的欲望。所以尽管人类文明走向反暴力，暴力片始终没有消失，灾难片也一直都在，我们还是喜欢看《旧金山大地震》一拍再拍，喜欢看巨大的金刚出现，把纽约大楼踩得粉碎。电影里巨大的暴力，满足了什么？

这一个接一个的问号，你可以反问自己。性会变成偷窥，暴力也会变成偷窥，电影是我们偷窥暴力的管道。但是，偷窥只会让我们触碰到一点点内在不为人知的边缘，还没有到核心。二十世纪之后，人们可以坦然地去面对暴力美学这个议题，才渐渐触到了核心，当暴力被提升为美学的层次后，反而是最不危险的状态——不论是性或暴力，在被压抑时才是最危险的；公开讨论能提供一个转化的可能，使暴力变成了赛车、摔跤或是巴黎街头给青少年的游戏场，在这个空间里，暴力合法化了。

合法与非法的暴力

如前面所提过的例子，在波斯湾战场上奋勇杀敌的英雄，回到美国继续杀人时，他变成了暴徒、恐怖分子。是杀人不合法，还是杀美国人不合法？牵涉到的是暴力的本质。

只要那位战场上的神枪手还活着，居住在华盛顿的人就会感到不安，因为不知道他在哪里，不知道下一个受害的人是谁。他所谋杀的对象，都是与他没有关系，是他不认识的人，这就是暴力本质。当暴力有特定对象时，比较容易探讨其动机，反之，暴力的本质是为了暴力而暴力。

就像司马迁谈到“侠”这个主题时，说：“侠以武犯禁。”握有武器或以武力干犯禁忌的人叫侠，所以政府怕侠，秦汉之际，中央政府大力消灭的就是侠客。有人认为中国九流十家中，被消除得最干净的一派就是墨家，墨家就是侠的前身，因为墨子是一个打抱不平的人，他创立的是一个替天行道的流派，一个劫富济贫的流派，墨家变成侠最重要的来源。

中央政府训练军队，是有法律保护的合法暴力，“我训练的人在我的命令底下，去打我认为可以打的人，去屠杀我认为我要屠杀的人”，这是合法的，然而侠不遵守中央政府的法令，他以其独特的意志行事，甚至可以违反中央的命令，所以秦始皇或是汉武帝都曾经整肃游侠。

我们今天对“侠”这个字很有好感，喜欢看侠的故事，其实用另一种角度来看，侠就是当时的甲级流氓，登记有案，被秦始皇和汉武帝迁到都城就近看管。他们知道这一类的人不好搞，放在民间很危险，所以迁游侠至都城，成功地消灭侠的势力。侠放在江湖里最危险，但收编之后，反而不危险，这是中央集权者的聪明做法。历代的开国君主打天下时，都有得到侠的帮忙，以今天的话来说，就是得到黑道的帮忙，古今中外皆如此，没有例外。只是在政权建立之后，要如何来用这些人，就会产生合法暴力和非法暴力的微妙关系。

对人性的颠覆

观看美国的《教父》系列电影，你会知道，所谓暴力远比我们想象的复杂，绝对不是几个小流氓打打架而已，教父是游走在合法和非法之间，包括国会议员都是他的人，你可以想象他能做到像肯尼迪枪杀案那样，到现在还没有办法破案，背后的黑道力量大到什么程度？我们无法想象。

政府的军火买卖也会运用所谓的高层和黑道之间的关系，这种买卖的金额大到几百亿美金，使类似案件的处理难上加难。暴力，绝对不只是动拳头的问题，透过一层一层之间的牵连，会纠缠成一个政治富商与所谓的黑道之间的复杂关系。

如果前述那位在华盛顿被逮捕的枪手，有机会在审判庭上侃侃而谈，我相信会非常精彩。他辩论的内容将会触碰到合法暴力与非法暴力的议题，可是我怀疑这个画面会不会在电视上播放出来。他提出的质疑可能会动摇美国人的基本信念：美国在越南做的事不是暴力吗？在阿富汗做的事不是暴力吗？在伊拉克做的事不是暴力吗？而在这个时候，我们对暴力的本质就能有更多样的思考，同时就会发现自己早已经被划分在一个合法暴力机构里，去抵制非法的暴力。

法国作家加缪，在作品《正义者》（The Just Assassins）里面，提到在俄国革命的时候，有几个安那其组织的党人，设计一个非常周详的计划，要谋刺俄国暴君。行刺当天，杀手看到暴君旁边的两个孩子，一派天真烂漫的模样，他下不了手，忽然开始检讨起暴力的本质。此剧本在法国引起很大的讨论，到底杀手是妇人之仁还是革命本质上的一个暴力的再认知？

其实没有答案。我相信大部分的人在那一刹那都会犹疑，就是我要杀的是这个暴君，他该死，可是那两个孩子不是无辜的吗？要怎么去面对孩子的死亡？人常常陷在两难之间，就会想以黑白分明的逻辑，将问题简化：十恶不赦的人就该死！然而，所有的文学家、哲学家，他们的思维都是从这些十恶不赦的人身上去发展，不然文学与哲学都失去意义。

从这个角度来看，陈进兴的死亡也应该是我们谈暴力孤独时一个重要的议题。从法律、从受难者家属的角度去看，他是一个十恶不赦的坏人；若是从暴力孤独的角度去看，他所表现出来的暴力本质，正是对人性的颠覆。

这件事情发生在一九九七年，震惊整个社会，我记得当他潜藏到天母某一个“大使馆”武官家中，电视二十四小时转播。那天我到学校上课时，没有一个学生来，事后他们还反问我："你怎么会来上课？"

那是在台湾空前伟大的一个"暴力仪式"，从年纪最大到最小，都在电视机前面参与，我不觉得那只是陈进兴的个案，而是代表人们对于暴力的耸动和暴力潜意识的渴望，当时人们面对这个事件的心态，就像我小时候看到驯兽师把头放在狮子的嘴巴里一样，又希望他被咬，又希望他不被咬。哪边的比重比较高？我不敢去想。

人性里还掩盖了多少我们不自知又不敢去想的状态？

春秋战国时候，孟子说人性本善，人是性善的发扬；另一个非常大的荀子流派，则说人性是恶的，因为性恶，才需要很多的教养和禁忌去限制。这两种决然不同的流派，争论不休；到了今天，好像孔孟之道的"人性本善"论是主流，然而，既是人性本善，何来那么多的禁忌与法律？

性善论本身有漏洞、有矛盾，人性中的确存在一种我们无法捉摸的东西，若我们的文化里只是一味地发扬孔孟之道，忘掉像荀子这一类提出不同思维的哲学家，我们在面对各种社会现象时，就会失去思考的平衡点。我相信，荀子的哲学若能继续发展，就会发扬出所谓的暴力美学。

潜意识里的暴力美学

司马迁的《史记·刺客列传》不只是写出了革命孤独里的荒凉感，也有很精彩的暴力美学。其中一则是提到豫让行刺赵襄子。豫让效忠智伯，但智伯被赵襄子所害，所以豫让要替智伯报仇。他第一次要去行刺赵襄子失败，反被抓住，赵襄子觉得他是个义士，就把他放了。豫让不死心，他想已经被看到脸了，再去行刺会被认出，他回去之后就把整个脸皮削掉，把自己毁容，再去谋刺。第二次又被捉到，又被放了，他回去吞炭，连声音也变了，再去行刺。第三次他又被逮捕，这次赵襄子不能再放他，而豫让还是非杀他不可，所以就向赵襄子要了一件衣服，刺了三刀，表示仇已经报了，他再自杀。

这个故事里面有非常惊人的暴力美学元素。《史记》里面的刺客，如荆轲，常常被提到，因为他以堂皇伟大的革命为目的，可是豫让的行动没有革命的主题，他只是在替人报仇，他要杀的人也不是什么暴君，所以大部分的人不敢谈他，谈了好像就是鼓励暴力，但是在春秋战国时代，这样的暴力却是激发人心的故事。

香港在七〇年代，有一个导演张彻，拍了一系列武侠电影，充满了血腥杀戮，当然没有像西方的暴力美学那么完整，可是他已经触碰到了暴力美学的边缘。

张彻曾经把传统戏曲京昆的《盘肠大战》带到银幕上，那真是惊人的画面。所谓“盘肠大战”就是战士在战场上杀人，杀到最后肠子流出来，还苦战不休，最后把肠子打个结，盘在身上，继续咬牙死战。我小时候听到“盘肠大战”觉得好美，长大了才知道那是壮烈残酷的暴力美学，而这样的东西在我们的文化里，一直被消毒，一直被过滤，一直不敢去触碰、去揭发，我们期待这么做，暴力就能消失。

暴力会因为被掩盖而消失吗？我不认为。

中国文学还有一本小说也是暴力美学的经典，那就是《水浒传》。梁山泊好汉在冠上替天行道的大帽子后，他们杀人的行径是很惊人的。你到梁山泊的馆子里坐下来，要了包子吃，吃着吃着，就会吃到人的指甲，而这个指甲的主人不是老板的仇人，可能只是个被打劫的过路客商，肉剁成材料。读到此，你一定也会觉得毛骨悚然吧！我们读《水浒传》，读林冲雪夜上梁山、鲁智深大闹野猪林，都是比较美的画面，可是像母夜叉孙二娘这样一个卖人肉包子的女人，你就很难想象了。

暴力美学在《水浒传》中，还演发出某种权力，表现在对女性的态度上，且看武松如何对待潘金莲：潘金莲衣服被拉开，武松持刀往她那雪白的胸脯上一刀划下，活活地把心脏拿出来，祭奠武松的哥哥武大郎。看到这里，我们会觉得这是淫妇的下场，很过瘾；可是不要忘了，这是活生生的生命，一个女性的肉体，她的胸膛被剖开，心脏被活活地摘出来，放在祭台上，这是暴力美学。我们在阅读时，会用自己的道德意识去过滤那种看到驯兽师把头放在狮子嘴巴里的快感——我用“快感”这两个字，也许大家不会承认，可是当我们看到武松杀潘金莲时，会觉得“过瘾”、“淫妇下场就该如此”，不就是一种快感？

只有非法暴力才会残忍吗？事实上，江洋大盗处置人都还没有官方的合法暴力来得凶残。听过“凌迟”吧！凌迟是要在犯人身上划下三百多刀，在其过程中刽子手不能让犯人死掉，死掉的话，刽子手有罪。凌迟发展到明朝，还有了新的发明，我们在国外很多的刑罚博物馆里会看到，就是一件铁线制成的网状背心，让犯人穿在身上，缩紧以后，肉会从网洞冒出来，这个时候要“鱼鳞碎剐”，将肉一刀一刀地削去。

在博物馆看展览，我得忍住眼泪和呕吐的感觉，才有办法正视这样的一个刑具。可是你知道吗？古代犯人行刑时，是有许多人围观的，这是所谓孔孟之道背后惊人的暴力美学，围观的人亲眼目睹暴力被合法地执行。在鲁迅的小说里，有一些这样的描述，例如阿Q就喜欢看砍头，很长一段时间，他和一般人一样，把砍头当作一场很好看的戏，知道什么地方砍头，也许平常没有那么早起，也会早早起床，很快乐地跑去看砍头。如果被砍头的犯人表现得有点窝囊，害怕到尿撒裤子，围观的群众还会笑他，然后说“不要怕！不要怕！”、“二十年后又一条好汉”、“那头砍下来不过是碗大的疤”之类的话，当暴力被道德合法化后，激发出每个人内心里的暴力意识，反而是最让人恐惧的。

所以在鲁迅的《狂人日记》里面，他说每一种文化都只有两个字“吃人”，这是令人沉痛的两个字。在鲁迅写小说的年代，砍头的事还是满街看得到，他发现这个民族是以砍头作为一个戏剧仪式。现在我们不再把“看砍头”这件事情合理化，可是有一段时间，如果年长的朋友还有记忆的话，台湾在经济起飞的时候，抢劫案件愈来愈多，政府为了要杀一儆百，曾经用电视拍摄抢劫犯在处决以前的画面。那个时候我刚从法国回来，是一九七六到一九七七年间，我在电视上看到这个画面，与之前看马戏团的经验、之后看《泰坦尼克号》的经验联结起来，我们的确是在宣泄潜意识里的暴力美学。

暴力美学无所不在，可是我们不一定有那么清醒的自觉，去检查在我们身上并没有消失的暴力，对于合法暴力与不合法暴力之间的隐晦性，也不敢多作讨论。

暴力不是单纯的动作

西方很多国家开始探讨死刑废除的问题。这让我想到一部电影，就是波兰大导演克日什托夫·基耶斯洛夫斯基（Krzysztof Kieslowski）的《十诫》（The Decalogue），《十诫》包括十部短片，也就是西方基督教里十件不可以做的事。其中很重要的一件就是不可杀人。

“不可杀人”，很短的一个句子。

影片一开始讲一个小男孩和妹妹感情很好，后来妹妹意外被卡车司机压死。之后，他随身带着妹妹的照片，以及一个没有办法解释的心结：他恨所有的司机。这个心结变成他积压暴力的来源，在他十八九岁时，有一天，他无缘无故地坐上出租车，然后在荒郊野外，把司机杀了。

看到这里，我们会觉得这个司机很无辜，他不是压死妹妹的司机呀！但暴力本来就不是有对象性的，当潜在的某一个对生命愤怒的东西一下无法遏止时，就会爆发出来。这是电影的前半段，一个人杀死另一个人的暴力。后来男孩被逮捕了，接下来的处理更为惊人，所有的人都说他十恶不赦，说他很坏，最后他被处死。处死的过程中，在法官的监视下，一个人去替刑具加油滑润，试试看够不够力量，察看底下接粪便的盘子有没有弄干净，整个拍摄的过程让你看到一个合理的谋杀竟比非法暴力更加恐怖。

这是基耶斯洛夫斯基在电影里面一个非常哲学性的探讨，其实“不可杀人”不特指合理的杀人或是非法的杀人，不可杀人就是所有的杀人行为都是不可以的，不应该有差别，当这个孩子杀了司机，是杀人，当这个孩子被判刑，也是杀人，基耶斯洛夫斯基要揭露的是所有合理的法律背后与暴力有关的东西。

暴力往往不是一个单纯的动作，暴力本质呈现的是人性复杂的思考，所以欧洲有很多的案件会做非常深入的探讨，才做出判决，甚至可能很长一段时间悬而未决。

文明社会里的暴力

在兰屿为核废料抗争的那段期间，有朋友传真连署书给我，要我签字。我想到不只是核废料的问题，还有台湾本岛两千多万人对少数达悟人的一个暴力。这个暴力让我们理所当然地把核废料放在兰屿，电是我们在用，兰屿还没有电的时候，发电的核废料就放在他们的土地上。这是暴力，可是我们觉得这是合法暴力，没有人会去抗争，直到达悟族人自觉了，要抗争了，力量还是非常小，甚至可能沦为政治利用，让人产生同情，到底还是一种暴力——在文明的社会里，暴力看起来不像暴力，却又确确实实地使人受害。

我们看到美国每一次的出兵，都说是联合国的决议，它在争取暴力的合法性，它是为联合国出兵，不是为自己。暴力在迈入文明社会后转化形态，找到合理的位置，这是基耶斯洛夫斯基在电影里所要抨击的，不论在法律上如何为自己辩护，暴力还是暴力，你必须承认这是一个暴力。

在核废料的抗争中，我期待着众人暴力能被提出检讨，却没有发生。有人提出另一个方案，说核废料若是迁离兰屿，那就迁到本岛吧，选出的六个本岛地方里，有五个是原住民的村子。如果我是原住民，我会意识到这是暴力，可是我不是原住民，我不容易觉察到自己正在施予一种暴力——当你强势到某一个程度时，你不会意识到强势到了某个程度，不管是阶级、国家，或是族群，本身就会构成暴力。但要产生这些自觉，并不是那么容易。

我今天如果买一张飞机票到兰屿，我不会察觉到那个地方所受到的暴力压迫究竟是什么。但当一个族群发展到最后，连姓氏都不见了，怎么能说不是暴力的受害者？兰屿有一个好作家，叫夏曼·蓝波安，他找到自己的名字，可是我去兰屿的时候，很多人告诉我，他自己姓谢，我问为什么都姓谢？他们说因为报户口的人姓谢，所以他们都姓谢了。

夏曼·蓝波安对我说，他现在叫做夏曼·蓝波安，可是很难写在身份证上，因为格子不够长。强势是一种暴力，尽管达悟人数量那么少，少数要服从多数，所以让他们放弃他们所拥有的特质亦不为过。如果有一天这个部落发展出一个巨大的暴力，是不是也能这样对我们？

我在一本小说集《新传说》里，写了一个真实的故事，关于一个阿里山邹人部落的小孩子汤英生（这当然也是汉族的名字），他离开他的部落，下山到台北一家洗衣店打工。后来他要赶回家参加部落里的丰年祭，老板不答应，扣着他的身份证不给，两个人发生冲突，最后他杀了老板和他的孩子。表面上这是未满十九岁男孩汤英生的暴力事件，可是当时有很多作家联署，希望把这件事作为一个族群的议题进行讨论，因为族群有仇恨，因为邹人一直在读吴凤的故事。

吴凤接触的少数民族就是邹人，那个出草后来被感动到痛哭流涕的部落。但历史证明，吴凤是汉族编造出来，推行王化政策的人物，历史上没有吴凤这个人，可是这个故事却还在流传。出草是一种暴力，但编造吴凤的故事何尝不是？我认识的一些邹人朋友说，每次他们在嘉义上课，读到这个故事时，就会故意缺席不要上课，因为他们就是割下吴凤头的人，嘉义到处都是吴凤的塑像。我的意思是，暴力有两种：一种是一看即知的暴力，另一种是看不出来的暴力。出草、汤英生杀人是属于前者，而吴凤的故事、法律的死刑则是后者。

强势与弱势文化

经由教育、文化、媒体，不断去压抑另外一个人或一个族群，就是暴力。在美国，印弟安人的保护区，也是一种暴力。小时候我很喜欢看西部片，看着懦弱的警长和很厉害的抢匪杀来杀去，当然满足暴力的瘾。可是这里面还有一个很有趣的情节，就是一定会有一个娇弱的白女人，突然被红番抢走了，红番抢人当然是一种暴力。于是，白人追追追，然后用蒙太奇的手法，用交错的镜头，让白人在女人快被红番强奸的那一刻及时出现，把红番杀了，女人获救。在我们的意识形态中，这些少数民族跟红番是应该死的，我们满足了暴力的合法化。

你把所有暴力影片联结在一起的时候，会隐约感觉到这是在教育我们，让我们在不知不觉中，形成了所谓强势和弱势文化之间的某一种关联。

如果我是印弟安人，我怎么去看待原本是祖先居住的土地，而今变成白种人行使优越感的地方，而它即使被保护，也是像在动物园里的动物那样地屈辱——原本应该在山野里奔跑的豹，而今被栅栏围住，所有野性的东西都无法发展。这里面牵涉到的暴力本质是对生命的征服，在文明世界里面变成荒谬了，就像最后一匹被列为环保动物的狼，对着大地哭嚎的那种荒凉性，最后丧失的是人类高贵的品质，接着反暴力的形态一起消失了。

当你读完贾平凹的《怀念狼》的时候，那匹走向旷野的孤独的狼，就是人类最后的高贵品质，那种不被环保、不被豢养、不被驯服的孤独——狼驯服了就是狗，都变成狗以后，只有宠物，自我的征服性和自我的挑战性不存在生命里面。

妇人明月的手指

在我书写短篇小说集《因为孤独的缘故》中的《妇人明月的手指》时，其实是我们社会里发生最多暴力事件的时候。我写一个女人去银行领了六十八万元，在钱被抢走以后，她想要把钱抢回来的反应。在那一刹那，她那被豢养的中产阶级个性里面属于狼的东西跑出来了，所以她紧紧抓着钱不放。那个抢钱的歹徒原本没想到要动刀，将钱抢走就抢走了，可是当她狼的个性出来的时候，对方狼的个性也会出来——暴力是相互的。

在歹徒用开山刀挥砍时，我在旁边加了一个场景，是一个小孩在玩玩具冲锋枪，就对着歹徒哒哒哒哒扫射。这是一个荒谬的画面。可是在荒谬背后，我们注意到，连小孩子的玩具都有暴力本质。我们思考一下，尤其男孩子的玩具，有多少是跟暴力有关的？甚至你看看电脑里面的game有多少是跟暴力有关的？可是长大之后，家人又跟他说不可使用暴力，可是他的玩具和游戏不就让他学习暴力吗？这里面的矛盾到底该如何解答？对孩子而言，游戏比正规教育影响力更大，为什么我们又要暴力成为禁忌，却又要在游戏里面去完成？

《妇人明月的手指》里有几个重要的场景，第一个是抢匪出来的时候，第二个是妇人的手指被砍断之后，钞票和手指一起被带走，然后妇人一直跟别人说，她还感觉得到手指和钞票的关系。关于这段描述，我没有任何科学的证据，可是我有心理上的证据，这笔钱对她这么重要，需要紧紧握住，尽管手指被砍断，还是会粘在钞票上，她仍然可以远远地可以感觉到手指与钞票紧紧依附。这当然是一个荒谬的逻辑，所以我另外安排了一个很有趣的角色——大学生，读很多理论的书但现实生活经验很少的人，来告诉明月，这是不可能的，因为中枢神经一旦断了以后，不可能再有感觉，明月滴着血听他讲一长串的科学理论。这又是另一个荒谬之处！

妇人明月从中小企业银行中提领了六十八万元，才走出银行就遭遇了抢匪。抢匪的动作非常快，明月猝不及防，一叠厚厚的钞票已在抢匪手中了。

明月先是一愣，在一刹那间，以前从报纸、电视上看来的关于抢劫的种种全部重现了一次。但是，她毕竟是一个强悍的妇人，一旦反应过来，立即奔跳起来，三两步追赶上了抢匪，向抢匪头上重捶一记，随即紧紧抓住那一叠厚厚的钞票，如母亲护卫失而复得的儿子一般，再也不肯有一点放松。

抢匪与明月在热闹的大街上拉扯一沓钞票的景象引起了一些路人的旁观。抢匪是一名三十余岁黝黑健壮的男子，他或许觉得在众目睽睽下与一名妇人拉扯的羞耻吧，因此露出了恼怒凶恶的表情决定吓唬一下这不知好歹的妇人。他的左手仍紧抓住钞票，右手已迅速从靴筒中抽出了一把锋利的开山刀。

“啊！”

围观的群众看到了凶器，一哄而散。唯独一名约八九岁的儿童，手上拿着一把玩具冲锋枪，忽然兴奋了起来，按动机关，冲锋枪便哒哒哒哒向抢匪扫去。

我一直觉得这个小孩是在写我自己，大概就是小时候看到驯兽师把头放进狮子嘴巴里的那种快乐。孩子一下子兴奋起来，好像发现他的玩具冲锋枪好像可以变成真的；孩子的游戏是假的，可是一旦变成真的时候，那种快乐和兴奋一下出来。我知道现在有一种叫做野战营的活动，有些爸爸妈妈会把小孩送去接受魔鬼训练；有个朋友觉得自己的小孩顽劣不堪，就把他送去魔鬼营，结果那个小孩回来说：“不过瘾，有没有比这个更厉害的？”

我们的正规教育好像是要把一个个活泼泼的生命，变成动物园里面的熊猫，变成保护动物，原本他们应该在山林里奔跑，却都被关闭起来、囚禁起来。

我不知道陈进兴小时候有没有玩过玩具冲锋枪。就在刹那之间，你会发现社会所谓的暴力跟儿童玩具之间的联结，恐怕都不是我们平常会特别想到的问题。

抢匪一脚把小孩踹倒，回过头来，向妇人明月大喝一声：

“还不放手，找死啊！”

看过许多警匪片的妇人明月对于这样千钧一发的时刻反倒有种十分不真实的感觉。她惊惧地看着距离自己双手只有几公分的锋利的刀刃，已完全失去了主张。

这个城市其实还没有冷漠到眼看妇人明月被抢劫而不加援手的地步。在远远的街角的公用电话亭，已经有人悄悄地打“一一九”报案了。

但是抢匪已被激怒了。他似乎已不完全是为了抢钱，而是觉得妇人太不给他面子，便下了狠心，一刀砍下，斩断了妇人明月的几根手指。

最先斩断的是妇人明月的左手的三根手指。血流如注，一叠千元大钞的蓝色票面顷刻染得殷红了。

妇人明月也许是吓呆了，并没有立刻放手。这更激怒了抢匪，便狠狠剁了几刀，仿佛在砧板上剁断猪的强硬的腿骨一般，使妇人明月一时失去了九根手指和一部分的手掌。

妇人明月因此眼睁睁看着自己的手指粘在一叠厚厚的钞票上被带走了。抢匪临走时还骂了她一句:“死了没人哭的！”便跨上摩托车，向西边逃逸而去了。

“我的手指——”

妇人明月仔细再检查一次。果然，除了右手大拇指还在以外，其余的九根手指都只留下残缺不全的骨节，一圈血红的印子，尚自滴淌着鲜红的血。

有几个胆大的路人又开始逐渐围拢来观看，看到妇人失了手指便摇头惋惜着。

“损失了多少钱呢？”

“六十八万。”

“啊！唉！”路人们有着对失去手指和失去钱的不同声音的嗟叹；但最终都无奈地离去了。

“发生了什么事吗？”

黑色幽默对比

下面这一段是一个大学生的出场，我一直觉得比较得意的，就是这一段。我一边写着一直在笑，好像我眼前站着一个大学生，呆呆的。我一直觉得学生就是很好心，又读了很多书，从小人家告诉他要日行一善，所以他就要去做日行一善的事。他们表达的方法很稚嫩，所以在手指被砍断的恐怖时刻，出现一个大学生的角色，就会构成一种黑色幽默的对比。

一个穿大学制服，模样规矩的男生走上来问；他是这条热闹的街道上少数不匆忙的路人。

“我的钱。”

妇人明月开始哭泣了起来，她逐渐感觉到手指的痛了。

“你慢慢说啊，哭是无济于事的。”大学生安静地看着妇人明月。

妇人于是诉说着整个事件的过程。这也是事件发生之后她有机会第一次清醒地回忆和整理整个事件的过程。

她说：“那个歹徒一定尾随我很长时间了，因为我在股票上赚的钱存放在这间银行的事，是连我的丈夫都不知道的。”

她又叙述了有关歹徒可能有接应的合伙人，因为在恍惚中她还依稀记得有人持冲锋枪冲散了前来搭救她的见义勇为的路人等。

妇人明月以为歹徒有接应，其实是那个八九岁的小孩，拿着玩具冲锋枪扫射，可是当她回想时，慌乱、混乱的心情使最后的回忆变成了有人拿冲锋枪接应歹徒的误导。在这里，你可以看到，作为一个书写者必须保持冷静的旁观，而当事人则是当局者迷。不管小说、绘画、戏剧、电影，所有的创作者都要扮演旁观的角色，才能与剧中人产生对比的逻辑，而读者也会跟着作者冷静的叙述，去看这整个荒谬的事件。有时候，你看受难者在叙述事件时，会各说各话，从每个人的叙述中无法拼凑出一个完整的故事。我想，这可以作为一个写小说的训练，书写者可以冷静地旁观，去写出一个新的故事。所以我现在较少看文学名著，反倒喜欢看一些社会新闻，在这些新闻中，人性昭然若揭，反倒成为一些有趣的题材。

妇人明月继续说——

“他不只是要抢钱唉，他还用开山刀把我的九根手指都砍断了。”妇人又哭泣了起来。

“手指呢？”

大学生低头在地上看了一遍。

“粘在钞票上被带走了。”妇人说。

“唉，可惜——”大学生惋叹地说，“现代医学接肢的成功率是很高的。”

写到这里，我忍不住想笑。大学生总是会有一些很合理又很荒谬的想法，不只是大学生，应该是指读书人、知识分子，会在事件发生时有一些有趣的反应。

“可是——”妇人觉得被责怪了，她便告诉大学生有关切断的指头在钞票上紧紧依附着的感觉。

对妇人明月而言，这些钱是她好不容易从每天的买菜钱攒存下来去玩股票赚的钱，所以她觉得不能放手，即使手指断了，还是会跟钱粘在一起。其实这是一种心理状态，就是“指断心不断”的意思。这个事件是真实的，在报纸登载时，我看到妇人叙述时的那种委屈，她不是委屈手指断掉，而是觉得只要手指还能感觉到钱就好，这是一种很难以解释的人性层面。

“那是不可能的！”大学生坚决地否认。他说:“神经中枢切断了，手指是不可能感觉到钞票的。你知道，古代中国有斩首的刑罚。头和身体从颈部切开之后，究竟是头痛呢？还是颈部会痛？”大学生示范做了一个砍头的动作。

“可是，手指紧紧黏附在钞票上啊！”妇人显然对斩首以后头痛还是身体痛的问题并不感兴趣，她依旧专注在手指被斩断那一刹那，那离去的手指如何感觉到一叠厚实的钞票的虽然短暂但非常真实的感觉。

这里我其实是想写出一种心理状态，当我们失去一样很重要的东西，心痛到一种让你觉得魂牵梦萦的程度时，它已经变成另外一种存在的状态。失去的东西反而变成更实际的存在，因为你太珍惜它、太需要它的存在。

“Well——”大学生耸耸肩，这是一个没有知识的妇人，没有经由教育对事物有客观查验与证明的能力。他心里虽然充满同情，但是不打算再浪费时间继续做无意义的辩论了。但是，他也不愿意草率离去。他基于对自己一贯做事认真的训练，觉得不能因为情绪而动摇。“鉴于情绪好恶的离去，不应该是一个理性社会的知识分子所应有的行为。”他这样告诫自己。

这个大学生自己在那边想着，有很好的思辨，但不要忘了，妇人明月的手正在一旁滴血。

大学生因此决定替妇人明月招揽一部计程车，并且指示司机，把妇人送到城市的警察总局去报案。

以下的情节都是报纸上登出来的真实事件，包括妇人明月上了计程车之后，司机发现她手在流血，就一直骂她把后座的椅垫弄脏了。我看到这则新闻时，觉得我们的社会已经变得很奇怪了，人们好像不知道什么是悲悯。有时候悲悯是一种煽动，为了一个不相关的领袖死亡，可以哭得一塌糊涂，但对于眼前的人的死亡却没有什么感觉。

人类的荒谬

计程车司机是一个坏脾气的人。他发现妇人手上流的血弄脏了后座的椅垫便十分愤怒，频频回头责骂妇人。

"太没有道德了。"他说。

"这一整个城市都太没有道德了。"

"这样下去这个社会还有什么希望呢？"

"你看，他妈的！红灯也闯！"

这四句是司机的话。让我想到，有时候荒谬得到合理化之后，就无法检查其荒谬。

我经常观察社会里道德的暧昧现象，就像小说里的这位司机，他可能平常会捐钱给慈善单位，可是当他遇到妇人明月时的反应却是这样子。这是人的荒谬，我们自己也会出现这种两极化、不统一的反应。Absurd这个词，在西方存在主义里经常被提出来，也就是所谓的荒谬，因为人的行为经常无法统一，荒谬指的就是这个时候的行为与下一分钟的行为无法连接的关系。

可是，过去我们受的教育经常以为人性是统一的，所以文天祥写《正气歌》，他就不可能发生这些事情。然而，现代的美学思想已经开始认为，人是许多分裂状态的不完整的统一，他可能是两极的。加缪写《局外人》用的是巴黎发生的凶杀案件，为了让这个开枪打死阿拉伯人的法国青年变成十恶不赦，开始搜集生命的罪状，包括他在母亲死时没有掉泪，隔日还跟女友出去玩、发生关系等。注意，这是先有结论，才开始搜集证据；所以存在主义说，存在先于本质，不应该先对人的本质下定论之后，再去搜罗存在的状态，存在的本身应该是观察的起点，即使荒谬，都应该去观察，而不能将其排斥除外。

人性本来就有荒谬性，人性荒谬现实的两极性描写，大概是训练自己观察事物的方法。你可以试试看，在一个事件发生时，你会不会和大家一起众口纷纭地去发言？例如新闻报导某甲涉嫌性骚扰，有许多人指着电视就说："你看，我早就知道，他长的就是这个样子。""绝对就是他，就是一副老色狼相！"但是，最后侦查的结果，性骚扰的人不是某甲，大家立刻又改口。

如果你可以细心地去观察，会发现很多暴力是来自社会大众的"众口铄金"，这句成语是说，当每一张嘴巴都讲同样一句话，其力量足以把金子熔化，力量如此之大！而我们每一个人都可能曾经参与其中。

我们经常用不同的暴力形式待人，打骂是最容易发现的暴力，但有时候我们对人的嘲讽是暴力、对人的冷漠是暴力，有时候……母亲对孩子的爱也是暴力；你可以看张爱玲的一部小说《金锁记》，看那个母亲对她最爱的孩子长白所做的事，真是耸动，为了不让儿子出去玩女人或是做别的她不喜欢的事，她教他抽鸦片，让他留在身边。她觉得这是爱，如果你告诉她，这是暴力，她一定哭倒在地，她会说她这么爱孩子，还准备把所有的遗产都给他。

暴力是很难检查的，因为暴力的形式会伪装成另一种情感，我故意用这个例子，因为爱和暴力是两种极端，却可能同时出现，唯有认知到这一点，暴力美学才有可能触碰到更根本的问题。

冷肃的黑色笑话

他后来责骂的内容大半与妇人无关，可是妇人明月还是不断哭泣着。妇人想起电视连续剧中命运悲苦的女性，遭粗暴酗酒的男人殴打、遗弃，便是这样倚靠着一个角落哀哀哭泣着，也不敢发声太大。特别是因为坏脾气的司机一再呵斥她不准弄脏椅垫，她只好一直高举着断指的双手，而那未被砍去的右手大拇指突兀孤独地竖立着，使她特别觉得自己的样子一定十分滑稽可笑。这个原因也更使她遏抑不住嘤嘤哭泣不止了。

写小说有时候真的是在玩，玩一种很诡异的场景。妇人明月因为怕被责骂，所以将双手举高，可是她的手指又被剁去剩下大拇指，就好像一边被骂，一边还举着拇指说好，是一个滑稽可笑的画面。可是，不要忘了，读黑色恐怖的小说，当你愈保持一种绝对旁观的状况时，它的黑色恐怖性就愈高。

后来，妇人见到了警察，警察又代表另一种角色，代表的是法律。

相对于司机而言，妇人明月遇到的城市警察是和蔼得多了。警员比妇人想象中年轻，穿着浅蓝色烫得笔挺的制服。在城市犯罪案件如此繁杂的状况下，穿梭于各类告诉纷争的警察总局的大厅，他犹能保有一种安静，而且礼貌地搀扶着妇人明月受伤的手。

妇人明月被安排在楼上一间小而安静的房中坐下，警员倒了水给她，便坐在明月的对面详细询问起案情发生的始末。

警员显然受过非常专业的刑事处理的训练，他询问案情的细节到了使妇人都感觉着敬佩了。例如，他竟然问起关于失落的九根手指的指甲上涂染的指甲油的颜色。

就法律办案而言，指甲油的颜色当然很重要，将来要找寻手指时可以作为判断。但是对一个书写者而言，却是在利用这个极细微的证据，当作一个荒谬的对比，对比事件和事件之间的疏离关系。所有的创作者和作品之间一定会保有疏离的关系，就是不在情境之中，也就是西方常讲的 alienation（疏离感），一旦陶醉，就很难写得好。

接下来，警员开始替明月做笔录。我们跳到最后的结尾，警员在心里已经有了计划。

警员没有回答。他在笔记上画了一只狼犬。这是他心中的秘密，但他不想太早让妇人知道，这或许会有碍于破案。

“一个谨慎的破案过程，是需要非常多纪律的。”他这样回想学校上课时教官们的教诲。

妇人明月探头一看，警员在纸上画了一只狗，她想警员是对她感觉到无聊了，便颓丧了起来。

妇人被送回家之后，警员继续把笔记上的狼犬画完。他想：“当警局中的人员出动追回钞票时，狼犬们将在城市的每一个角落搜寻妇人手指的下落。”

“你认为手指和钞票是应该被分开处理的吗？”当警员向上司报告他的计划并请求支援时，上司这样问他。

“是的。”警员笔直地站着，大声地说，“钞票通常在高尔夫球场、大家乐、走私渔船和竞选活动这些线索上可以追寻出来，至于手指，则大约是被遗弃在肮脏的垃圾场、废河道、平价住宅的后巷……”

“好，那么就开始行动吧！”

上司在警员离去之后，听到巨大的月亮升起在城市的上空，无数咻咻的狼犬的叫声，十分凄厉地在四面八方的巷弄中流传着，它们要找回妇人明月遗失在这城市中的九根手指。

读者可能会问我，为什么上司会“听”到巨大的月亮升起？月亮升起是有声音的吗？我不知道我为什么会用了“听”，而不是用“看”。接着，又听到“无数咻咻的狼犬的叫声”，感觉整座城市已经变得荒凉，变成一座废墟，好像一切文明都已经结束，狼犬要恢复动物本性了。

我一直觉得这部小说写完后，自己也会吓一跳，也许背后有一些暴力美学的东西，的确是在看一个很冷的黑色笑话过程里慢慢地透露出来。

易地而处的暴力观

我们对于暴力美学的探讨其实还是太少，不管是绘画、戏剧还是电影各方面。

已逝好莱坞导演斯坦利·库布里克（Stanley Kubrick），在七〇年代有一部作品《发条橙子》，当年曾遭禁演，现在应该可以找得到。电影就是那个年代暴力美学的代表，叙述一群混混潜入豪宅，酷虐豪宅里的中产阶级。这部电影在很多地方禁演，有些地方则剪了很多部分，库布里克直接用电影的手法去呈现社会低阶层的年轻人（也可能是陈进兴吧！），对某一种中产阶级文化想要掠夺的欲望与暴力本质的心结。

陈进兴案件发生时，我读了关于他所有的资料，他成长的背景是在芦洲、五股、新庄一带，全部都是废河道，小孩子在这里长大，和在东区长大，结果是完全不同的。在这个生长环境里，所有的征服性和动物性一直被刺激着，有一天当他发现自己与另一个辉煌繁华的世界之间的落差，他的暴力本质就会表现出来。

这种引发暴力的“落差”就是库布里克在电影《发条橙子》里所要谈的。电影里的年轻人是偶然间经过那栋漂亮的豪宅，看到女主人穿着性感的服装，正在开性派对，他们就想进去一起玩，结果愈玩愈过火，玩出了凶杀案——高度的落差在现实社会里很有可能会演变成杀戮场。

美国和阿富汗的关系也是一个很大的落差，所以当象征美国的那两栋双子星大楼在“九一一”被炸毁时，有几亿的人是高兴得流着眼泪在看。他们借由暴力攻击那两栋被视为憎恨符号的大楼，得到报复的满足感。

人不会永远在幸福安逸的状态，如果你对暴力本质不了解，它可能随时在身边发生。你要注意当人与人的落差太大时，暴力就会出现。美国可以很轻松地说这是恐怖分子策划的恐怖事件，可是当你到阿富汗、阿拉伯、土耳其旅行时，他们会告诉你：世界上只有一个恐怖分子，那就是美国。

这是你听不到的声音。

美国在伊拉克发动的战争简直是像科幻电影，所使用的武器好到我们无法想象，伊拉克实在是不堪一击，波斯湾战争一下子就结束了。这时候，恐怖分子只好用肉搏战（不要忘了，越南和美国打越战，打到最后也是用肉搏战）。荒谬的是武器最精良的国家是美国，可是接受武装检查的却是伊拉克；这里我们可以看到暴力是要争取合法性，变成更大的暴力，甚至可以得到法律的支持，所以黑道一定会去选“立法委员”，而它也可能进一步演变成革命孤独里所谈到的招安不招安，以及是不是继续扮演背叛者角色的问题。

六种暴力互相联系

我想，暴力孤独牵涉到的环节特别多，一般人无法立即做最高的自省并且自觉，因为每个人对内在潜藏的暴力本质都不是很清楚，也不太敢去触碰，但人的暴力本质在很多故事里展现出来，常常让人瞠目结舌。过去我读历史，读到冷汗直流，你知道汉朝一个妃子受到皇帝宠爱，会受到周围嫔妃多大的嫉妒吗？一旦皇帝死了，失去了支撑，所有人陷害她的方法极其恐怖。你一定听过“人彘”这种酷刑，四肢砍断，眼睛戳瞎，耳朵弄聋，舌头拔掉，泡在一个酒缸里，如此折磨一个人，而且是女性折磨女性！

我后来会读艺术史，就是因为我读这些历史实在是读怕了。

明朝也有对知识分子的虐杀，绝对不是杀，是虐，他的快乐在虐。而明朝对不贞洁的女子的惩罚，有所谓的“骑木驴”，更是令人惊恐，受刑的女子裸体游街，生殖器里插着一根木柱，这是性与暴力的极致，这种惩罚到底满足了谁？

所有合法的暴力都假借着惩罚出现，就像美国说要惩罚伊拉克，其实行使的就是暴力，所以当你想要惩罚别人时，你一定要想到，你是不是在满足自己的暴力欲望？

我当兵时，有人告诉我，以前军人判刑是军法处置，执行军法的那个人应该执行枪毙，可是他不想，他要用刀，因为他要去感觉那种快感。我那时是个大学生，刚毕业，傻乎乎的，听了一句话也不敢讲。

究竟人性的本质里潜藏了多少暴力？

我们看到大陆“文化大革命”红卫兵的斗争，手段极其残忍，直到现在大陆开始反省，很多人跳出来说："对呀，那些人多坏多坏……"这时候就会有人偷偷告诉我："不要听他的，当年他就是斗人的人。"可是那个人忘了，他忘了自己的暴力本质。

所以我会觉得很害怕，如果我活在那个时代，我会不会也去做那些事情？当暴力本质在无知的状况下去揭发，也许我才有机会逃离暴力，否则我不知道它何时会爆发出来。

这是蛮沉重的课题，但如果我们希望回到社会去观察各种暴力形态时，能有更冷静的省思能力，就必须去深入探讨。我一直觉得儒家文化对暴力的探讨太少，西方在绘画、剧场、电影里，对暴力的探讨非常多，使他们对暴力有更多的检讨和警醒。尤其是在"九一一"之后，你会发现欧洲常常在讨论美国的暴力本质，这在台湾是很少被提出来的问题，大概是因为我们对其的依赖关系，使我们不会去检讨美国在全世界的暴力，而一味地怪罪恐怖分子。

我在这本书所谈的六种孤独，其实是互相关联，我们可以进一步思考，革命者悲天悯人的革命思想，会不会也成为一种暴力？例如我提出一个假说"走向革命场域的男女，有一部分是在满足自己暴力残酷之感"，你是否会同意？就像加缪的《正义者》里要探讨的，那个谋刺的人在炸死暴君的那一刹那所思考的问题："我究竟是暴力还是革命？”此时他的思辨变得复杂，而有更多机会去检视行为的状态。

人性对“恶”有更充足的了解，才能有“善”的发扬，所以我一直觉得很遗憾，荀子的性恶论没有继续发展，使得孟子的性善论就像小说里的大学生，变得不切实际。我们一定要知道，性善论和性恶论单独存在时都没有意义，必须让两者互动，引导到思辨、思维，才能对人性有最更深层、更高层次的探讨。

所 有 哲 学 的 思 考 者 都 是 孤 独 的 ——

五篇

At the Fifth

思维孤独

读大学时，因为喜欢哲学，常常跑去哲学系旁听，认识了一些人。当时有一个同学跟我很要好，他是一个不修边幅的人，留着很长的头发，可以很久很久不洗澡，发出异味，直到全班都快疯掉。好像学哲学的人都会有些怪癖，至于为什么会这样，我也不知道。

有一天这个同学突然很愤怒地跟我说："台湾根本不可能有哲学。"我吓了一跳，问他："你怎么这么武断？为什么说台湾不可能有哲学？"

如果说台湾人不了解哲学，我会认同。许多人不知道哲学系在读什么，读了哲学系以后要做什么。然而，不管是希腊的柏拉图时期，或是中国的春秋战国时代，其全盛时期最强盛的学科就是哲学，或者说是思维——哲学就是在复制一个文化里所有与思维有关的东西。

这个同学继续说："你发现没有，所有热带地方都没有哲学。"他认为在温度比较高的地方，人会比较注重感官经验，以印度而言，虽然有很强盛的宗教信仰，我们也会将佛学归类为一种哲学，但是那不纯然是逻辑论证、理性思考的产物，大多是从感官发展出的直观思维。

我们现在所熟悉的哲学，其思维模式、思辨模式与希腊的逻辑学有很深的关联。它有一个推论的过程，有理性探讨的过程。当我们和别人交谈时，会希望彼此之间有一个共同遵守的、推论的、辩证的过程，就像黑格尔提出的"正反合"之类的模式，我们会说这是"符合逻辑"。

但是不符合逻辑的感官经验，就不能是一种思维吗？翻译佛经的人，常常会提到"不可思议"，例如《金刚经》里的经义就是不可思、不可议。这种与希腊的辩证逻辑大相径庭的模式，不是哲学？或是另一种哲学？当年一个哲学系学生提出来的问题，虽然不是一个严谨的论证，却让我思考到今日。

不可思、不可议

这个哲学系的同学，当时很喜欢的哲学家之一，是丹麦的齐克果（Søren Kierkegaard，亦译克尔凯郭尔），他的日记和作品《恐惧与颤栗》，市面上都有翻译本。齐克果所代表的是从基督教思想发展出的一个哲学流派，被视为七〇年代存在主义的前导。他在《恐惧与颤栗》中，谈到了人类对于原始自然和孕育生命的恐惧感，此一论点和《旧约》有关。我们熟悉的基督教教义来自《新约》，也就是经由马太、马可、约翰、路加这些人所传播的四大福音，内容主要是耶稣以爱为中心的思想。

大家如果有机会读《旧约》，如《创世纪》，会读到非常多神秘的事迹，出于耶和华对于人的试探，他以命令式的权威决定人的命运，使人时时刻刻存在巨大的恐惧感。齐克果所探讨的就是类似的恐惧。

举一个众所熟知的故事为例。亚伯拉罕年老时才得到一个儿子，宝贝得不得了，有一天耶和华——所谓绝对唯一的真神，在天上突发奇想，他想："亚伯拉罕平常都很听我的话，是一个很忠实的信徒，是一个仆人。每一年都会到山上，宰杀羊献祭给我。要是有一天我要他献出自己的儿子，把儿子绑起来杀死，献祭给我，他会不会照做？"

如果你对这个故事不熟悉的话，听到这里，会觉得这个神很奇怪，怎么会有这种非人性试探的念头。这不是暴力吗？神怎么会用这么残酷的方法试探人类？我们到妈祖庙拜拜，从来没听过妈祖要我们把自己的儿子绑起来祭神的吧！但在《旧约》里，这种非人性的动作表现，正好证明了他不是人，而是神。

这是不是呼应了佛经上的不可思议？神就是要不可思、不可议，才能够称之为神。

对于影响我们最深的儒家文化而言，很难理解此种人神关系。儒家文化认为，人与神的关系是相对的，神对我们好，所以我们祭拜他。可是基督教不同，他们主张“绝对”的人神关系。所以我们看到《圣经》里，亚伯拉罕得到神的指令之后，二话不说就把儿子以撒绑起来。以撒吓呆了，不晓得他的爸爸要做什么？亚伯拉罕背着以撒到山上，将他放在平常杀羊的祭坛上。刀子高高举起，正要划下去时，天使出现阻止了他，天使说：“神只是要试探你。”

有一次，我在电影院看好莱坞拍摄的《圣经》故事，看到这一段，旁边一个老先生激动地跳起来大骂：“这是什么神？”我完全可以理解他的激动，因为中国儒家是不能接受这种违反伦理的事情，而当我们觉得神不像神的时候，是可以反叛他的。

齐克果所谈的《恐惧与战栗》，就是类似这种当神做了不像神的事情时，使人对于生命本质产生恐惧。在《旧约》里，神创造了人，将他放到伊甸园里，看他很寂寞，又创造了女人，但不让他们有任何的关系。在伊甸园里什么都可以做，就是不能吃智慧树上面的果子，因为吃了之后就有知识。后来的结局，大家都知道了，只是你是否也想过，为什么神这么奇怪，创造了一个完美的世界，却留下一个漏洞，暗示人类去背叛他？

神创造了人，人却背叛了神，而人在背叛神后被驱逐出伊甸园，开始了生存的意义。这与我们所熟悉的希腊逻辑、理性思维有所不同，但在《圣经》里还有很多类似的例子。例如神因为不耐人的堕落，发动大洪水要把所有人淹死，这不是一种理性思维的表现，神以主观的权威生杀予夺，他可以创造也可以毁灭，而且是"绝对的"创造与"绝对的"毁灭，没有任何理由。然而，他在发动大洪水前，又有点后悔，好像不是每个人类都那么坏，而要把所有的创造都毁掉，好像也很可惜。于是，他找了诺亚，要他造方舟逃难。这里，我们又看到佛经上所说的不可思议。

"不可思议"这个汉字翻译是相当地精简，让我们不知道要达到如何的"不可想象"才叫做不可思议，凡可以想象、推理的状态就不是"不可思议"。所以宗教，无论是佛教或是基督教，在哲学系统里都归于“神学”，与一般哲学的思维有区别。

多年后，我又遇到当年那个哲学系的同学。他做了生意、发了财，穿着西装，有点发胖，我跟他提起齐克果，他有点失神，反问我：“齐克果是谁？”他可能忘了齐克果，我却忘不了他大学时候说，台湾太湿太热不会有哲学的话。为了成为哲学家，他花了很多钱买了一台除湿机，放在家里整天开着……这大概是成长过程中，第一件引起我对哲学或思维发生兴趣的事。

被简化的思维过程

思维是什么？我们都有一个大脑，经由大脑去思考很多事物，去推论、推理，最后下判断，就是思维。

我在《语言孤独》一章提过，儒家思想影响我们甚巨，而儒家的主张，如孔子的哲学，常常是一种结论式的原则。“己所不欲，勿施于人”是一个结论，是可以奉为教条的格言，听了之后不必做太多的思考，照着做就可以了。希腊哲学则恰好相反，把推理的过程、思辨的过程，视为哲学中很重要的一环。我们读柏拉图的《对话录》，在《飨宴篇》里面就针对一个主题：Eros（译为“爱”或“爱乐斯”，即所谓“柏拉图式的爱”），以不同的角度进行讨论——发言的有医生、有戏剧家、有诗人，各自提出对 Eros 的解释。是否会有结论？柏拉图反而不太关心。

如果你习惯阅读儒家哲学的话，读希腊哲学会有一些不耐烦，因为你会觉得，怎么读了好几页还没有结论出现？

在儒家文化强烈的影响下，那个哲学系朋友说的话也许会成真，台湾不会有哲学家，因为我们其实不太善于思辨，也很少有机会思辨。

在“解严”之后，我发现台湾有好多机会可以产生思辨。当一个社会里面出现很多不同且极端的意见和看法时，就是思辨产生的时机。例如兰屿设立核能废料储存场，两种结论性的答案——对或者不对——是两个极端，中间才是思辨的空间。我们很少与人进行思辨，只是急着发表结论，当对方的结论和自己不一样时，就是举拳头决定了。

台湾在“解严”前，没有机会发展思辨，人民不被允许思考，现在可以说出自己思考的结论，却没有人注意别人怎么说，怎么把自己思考的过程，充分地与他人沟通，让别人知道为什么会得到这个结论。结果是，你不接受我的结论就变成我的敌人，演变成对立的状况。

我在好多场合里，遇到这样的状况。大家对于一个问题发表意见时，我不赞成A也不赞成B，可是当我对赞成A结论的人说："你是不是可以说一下，你得到这个结论的思考过程？"对方已经产生敌意，他说："那你就是赞成B喽。"

因为缺乏沟通的耐心，思辨的过程完全被简化了。

每次台湾有选举的时候，你注意一下，不管各党各派出来的人，发表到最后都是说好不好？对不对？底下的群众只有一个选择：好或者不好，对或者不对。"解严"后可以使人民思考问题的机会，完全丧失了。

思维最大的敌人大概就是结论吧！任何一种结论，来得太快的时候，就会变成思维的敌人。

当我站在台上授课或是演讲时，有麦克风、有桌子、有舞台，我的语言就已经具有"暴力性"。所以我会经常检查自己讲话的意识形态，并思考要如何让讲出来的话不会变成"耶和华的指令"，而让底下的学生或是听众可以与我一起思辨问题。

这么做不一定会得到好的响应，有些学生反而会觉得累，因为他们已经习惯一个问题会得到一个答案。老师直接给答案，是更方便、更简单的做法。

有一个老师，他服务于台湾南部的专科学校，他告诉我一件千真万确的事情，在学生的月考考卷上，出现了一道选择题，题目是：台湾的民族英雄是：（1）邱逢甲（2）邱逢乙（3）邱逢丙（4）邱逢丁。

教育的思维模式怎么会变得如此简单？在这么简单的思维模式中，学生即使选对了邱逢甲，意义又何在？

处于生命荒谬的情境中

在《暴力孤独》中，讲到台湾最大的一个暴力事件主角陈进兴，死前签署了器官捐赠书，但是正等待换心、垂死的病人拒绝接受，他不要坏人的心脏。心脏原来不只是器官，还有好人心脏和坏人心脏的差别。如果我们把器官当作可以独立出来运作的零件，我们还会说这是个好人的零件或坏人的零件吗？

这里面可以有许多非常有趣的思考。因为你没办法求得标准答案，你也许会觉得好荒谬，可是你究竟要如何面对这件事？为什么有人捐赠器官会被拒绝？而拒绝的人是宁死不从，像文天祥一样慷慨激昂地说：“我不要他的心脏。”当时看到这则新闻，我又想哭又想笑，觉得生命真是既悲凉又荒谬。

存在主义非常喜欢谈“荒谬”这个字，处于生命荒谬的情境中，就是人们思辨的时机。因为荒谬本身代表着不合理，所以你可以开始思考为什么产生荒谬感，荒谬感从何而来，如何处置这个荒谬感。思辨于焉开始了。

思维的可能性

但在儒家的文化中，不管是孔子还是孟子，都把荒谬情境的思维过程省略了。他们觉得：“我负责思考，思考出最后的结论后，告诉你，你照做就好。”孔子有七十二个弟子，这七十二个弟子应该就是最遵守他戒命的人。可是他们是最好的学生吗？不一定。我常常会觉得，当我站在讲台上，碰到一个对抗的声音、对立的声音、怀疑的声音时，我会很珍惜这个声音。因为这个声音非常不容易，他同时在帮助我，使这个带着权威和暴力、站在讲台上的角色多一点弹性，不是单向指令的下达。

同样地，我也一直期待一个政治哲学家，期待他能唤醒民众。孙中山临终前，谆谆告诫说要“唤起民众”，因为他受西方启蒙训练，他是一个哲学家，不是政客。他不是要告诉民众对不对、好不好，他要唤醒民众的思维，他知道若是民众无法思考，社会的繁荣强大都是假的，都将毁于一旦。

可惜直到目前为止，政治人物的选举，不但不能唤醒思维，还使所有的思维崩溃。

“解严”这么久了，人们关注的焦点，还是只在于他是哪一个政党或谁应该下台、谁应该道歉。不只是政治人物，包括媒体，媒体常常暴力到不让人去思考事件过程，就直接下了一个结论。是不是真如我哲学系同学突然讲出的那一句荒谬的话“台湾没有哲学”，或者，台湾思维的可能没有完全绝望，只是等待机会被启发？

热到头脑不能思考是岛屿的宿命吗？

与温度、气候有关吗？在研究艺术史时，的确会发现追求阳光的画派，如印象派，很多画作都是感官的描绘，其追求的是一种“感觉”；可是在寒冷的北国，比如法兰德斯画派，就是非常冷静理性的观看，用眼睛分解、分析所有的对象，把物体化成一个非常精准的形式。

北欧人如哲学家齐克果，就是随时保持一种高度的冷静，不会随意表现出激动之情。在南方的意大利，一个男人可能看一个女人一两眼，就开始唱起咏叹调了（我们知道歌剧的咏叹调就是陶醉的）。我认识一个法国的女孩子，她对我说："北欧人谈恋爱，不会表现得很热情，却能天长地久。听意大利人唱美丽的咏叹调，很浪漫，但是第二天就找不到人，找到了他也可能忘了你是谁。"

或许我们思维的模式真会受天气的影响。似乎在寒冷的时候，人的头脑会特别清楚，而热的时候就变得混沌了。我七八月时通常不会待在台湾，这个季节的台湾不太能工作；那种热，混合着皮肤上的汗，空气里的湿度，而阳光又那么刺眼……我就会觉得头脑里的东西开始变得不清晰了。

困境让人生存

光在台湾，中南部的人和北部的人就很不一样。我自己很喜欢南台湾人的性格，那种热烈、阿莎力的感觉，我们称之为"song"，就是一个很感官、很直接的字眼，不一定不好，在创造力上，song 其实有一股强大的力量。

南北性格差异，台湾选举的时候特别明显。北部人看选举很冷静，他有意见，但不会随便发表，等到投票的那一刻才会知道要投谁。可是你在高雄六合夜市，随便坐下来聊两句，你就知道这个人要投谁了，因为他不会隐藏。

然而，每一种性格都会有两面，从思维的角度，我们不会去谈孰好孰坏这种绝对的判断，而是会去思考如何“平衡”。

北欧人有理性的思维，却是全世界自杀率最高的地区。我问一个很要好的丹麦朋友：“你们的社会福利那么好，为什么还有那么多人自杀？”他说：“就是因为太好了。人没有困难也就不想活下去了。”

有的时候就是这么奇怪，困境反而会使人生存。就像暴力，如果你做个问卷调查说暴力好不好？我相信百分之九十九点九的人会说暴力是不好的，可是那百分之零点一的意见，不会因此变得不重要。

疤痕是受伤的标志，很多原始社会以疤痕为美

有时候，你的确很难去抗拒暴力，因为一个完全没有暴力的文化，最后可能会失去它的原始性。我们不要用到“野蛮”这个字，我说的是原始生命冲撞的力量。

你有没有在台湾南部看过乩童？在庙会烧王船的时候，乩童拿着尖锐的钉锤往背上打，打得鲜血直流。后面有人口含米酒喷在他的背上，他整个人是在一种迷恍的状态。或者，你也可以到兰阳平原去看抢孤，参加的人，赤脚攀爬涂满牛油的棚柱，一不小心可能就会摔下受伤。这是台湾底层文化让我感到震惊的现象，而这个现象如果要用两个字来形容，就是“暴力”了。

在早期的移民文化中，会用这种仪式测试年轻人是不是有生命的活力。通过考验的人就是英雄，因为他能够承担最大的痛，能够承担最大的危险，能够承担最大的苦难，他是英雄。这就像台湾少数民族或世界上其他地区的少数民族，仍然保留的成年仪式一样。非洲地区的某些民族，会在成年的时候，用刀子在身上割出一条一条的伤口，塞进一种药物，使它凸起来。

在艺术史中，这是很重要的一个研究，那是美的象征。同时，这些疤痕也表示“我是勇士”，有时候疤痕多至一百多道，脸上、身上都有，男女皆同。以我们的眼光来看，会觉得疤痕很丑，会觉得伤口很痛，可是他们觉得伤口是一种挑战，疤痕是美。在一个生存困难的环境中，要跟野兽搏斗，就要用疤痕来表示无惧。

这也是暴力。生命力和暴力的关系是非常微妙的。在球场上冲撞的年轻人，骑着摩托车在公路上疾驰，有一部分都是暴力。你如何去衡量?

与飙车的青少年对话，听他们谈速度、谈死亡

有一阵子台湾飙车文化盛行（所谓盛行是指媒体报道特别多，媒体报道少不代表不存在），台北市大度路在八〇年代是飙车族的圣地，每天晚上排多少警力站岗都没有用。有一次，我把淡江建筑系的课停掉，对学生说：“我们一起去做个调查。”学生听到不用上课都很开心，跟着我到了大度路，我对他们说：“你们跟他们的年龄相仿，请你们每个人采访一个参加飙车的人作为作业，问问他们为什么要在这样一个空间飙车，速度感的追求对他们有什么意义？”

学生后来整理出一个很有趣的比较。参与飙车的人与这些大学生的出生背景不同，多数都没有读到大学，大概都是中学放牛班的孩子。人在某个方面被放弃之后，会另外找方法证明自己。大学生会读书、会考试，飙车少年他们则是中学毕业之后就做黑手，在大学生跟父母要钱缴学费的时候，他们已经自己养活自己，并用存了几个月的薪水，买了摩托车，作为证明自己价值的所有物。

当他骑着自己买来的摩托车，加快油门时，享受的是一种做自己主人的快乐。他们根本不在乎死亡这件事情，过程中也真的会发生一些很危险的意外，我们对他们说："很危险！"他们笑一笑。前面的年轻人摔死了，后面的人继续冲上去。

这份作业对当时的学生而言很重要，借由采访对谈，使他们对此一社会现象有所思索，而不是立刻下判断说："你看，他们都是些坏孩子。"我相信很多父母会这么说，但这个说法对于整个事件没有发生检讨性的作用。

如果孩子只是坐在妈妈的车上，被告知："你不要学他们。"这个小孩不会有思维。如果他走出车子，和飙车的孩子对话，思维就产生了。我的意思是说飙车的孩子应该有机会受更好的教养和教育，而这个坐在车里的孩子也应该要有一点飙车的生命力。因为它变成两极了，在两极状态之间，愈向中间靠近，思维愈有可能发生。

结论让思维失去意义

从极端的两边向中间靠近，就是黑格尔说的“正反合”，正与反是两极，你提出一个最右边的看法，我提出一个最左边的看法，最后两者相合。正反合是一种辩证法，从希腊的逻辑学慢慢演化出来，是我们的教育中非常缺乏的一种训练。当前的教育仍是以考试为导向，而试题上是非题、选择题愈来愈多，学生不需要思辨，整个教育系统也没有耐心让一个受教育的人不立刻下结论。

所有的考试都是立刻要有结论的。可是这个结论本身没有任何意义，就像前面讲的，邱逢甲到邱逢丁，没有意义，没有思辨的过程。

思辨的过程是什么？就是一个人在做周密的思考前，不会立刻下结论，他会从各种角度探讨，再从推论的过程中，整理出自己的想法跟看法。

相较于儒家的结论式教条，庄子提供了较多的思辨可能。庄子是一个喜欢玩的人；喜欢玩的人，思辨能力都比较强。所以现在西方教育常常要儿童在游戏里学习，因为游戏本身就是思辨的。解开九连环是一个游戏，游戏的过程非常让人着迷，最快乐的不在最后解开的时刻，而在思辨怎么解开的过程里面。这种让小孩在玩游戏的过程里，培养思辨能力的教育方式，也是我们所缺乏的。

给孩子结论不见得不好，可是当结论太过急迫的时候，这个结论就失去了意义。

思维孤独的来源

再回到暴力这个问题，如果我们只是下一个结论：暴力是不好的，该如何解释同样是杀人，在波斯湾战场上开枪会成为英雄，在华盛顿街上开枪却成为暴徒？我们也不要忘记，在南京大屠杀的时候，屠杀了中国人的日本人，回到日本可能是天皇颁授勋章的英雄。何谓“合法暴力”，何谓“非法暴力”，恐怕要去做这么多细微的思辨，我们才能发现，暴力不是那么容易解决。

不同文化对“暴力”的解读亦有不同。前面提到的非洲原住民成年礼，父母会在子女的脸上、身上割出一道一道的伤痕，又例如台湾泰雅族的黥面文化（黥乃是中国古代刑罚，为避免带有隐含的贬义，有些人已开始改称之为文面），或是年轻人的刺青流行，这些对身体的暴力，是一般人很难了解的，但对刺青的人而言，却是在唤回一种原始的记忆。

我记得小时候跟爸爸去泡温泉，看到刺青的人，我爸爸就会小声地说："那是黑道或兄弟什么什么……"接着就不敢讲了。可是现在不一样了，在欧美国家，有些非常优雅的家庭出来的孩子也会去刺青，以对抗自己没有生命力这件事情。中国古书里也有断发文身的记录，在过度文明之后，有人会渴望自己再变成断发文身的一员。

有一天我上网站，看到一个年轻人用假名发表的文章，说他在妈妈看不到的地方都穿了环。他讲了三个地方，你听了也会和我一样吓一跳：乳头、肚脐，还有生殖器。在身上穿环最常见的就是耳环、鼻环、唇环，我在欧洲常常看到，尤其英国最多，英国的朋克区里，可以看到一身都是环的人。但是他讲的这三个地方，是"妈妈看不到的地方"，也是一般人看不见的，那么他穿环的意义何在？

穿环是一种比刺青更明显的对自己身体的暴力回忆，绝对会痛，为什么长久以来保留在人类的行为中？不只是在非洲部落、澳洲部落，而是在最文明的纽约、伦敦、巴黎，这些最好的家庭、最有教养的家庭，最文明的年轻人也开始穿环，意义是什么？当我们从美学、从人类行为学的角度看暴力问题时，真的不敢随便下判断、下结论。

我想，很少会有父母师长鼓励孩子，去跟飙车的人、刺青的人、穿环的人进行对话。我们的思维没有办法进行，有一部分原因是我们在族群与族群之间划了一道难以跨越的鸿沟。不一定是代沟，同年纪不同领域的人也有很远的距离，互相不了解。领域跟领域之间的不能沟通，使得社会没有办法进行思辨。因为思维的起点，就是大家对一件事物有“共识”，即使角度不同，但焦点是在同一件事上，而不是各说各话。

例如在我这个年龄层的人，工作生活都很少需要用到网络，而我不上网的话，就不会看到在 BBS 上年轻人发表的文章。当我读到这些过去完全不知道的信息时，我已经跨到另一个领域了。如果我不上网，我不会知道我的学生里，是不是也有人在“妈妈看不到的地方”穿了环、刺了青。他们不会告诉我，因为我作为“教师”的角色，已经被他限定为“反对者”，所以他们不会找我讨论。如此一来，我和他对于刺青这件事的思维就不能进行。

现在，这种现象很普遍，因为角色被限定而失去讨论的空间。我觉得这不完全是代沟的问题，而可能是因为我们不重视思维的过程，直接下了结论，这种切断性的鸿沟是造成思维孤独一个很大的原因。

孤独是一种沉淀，
而孤独沉淀后的思维是清明。

哲学的起点是怀疑

哲学在检视思维，但不是读哲学的人就叫做有思维。我一直觉得，在大学里面读哲学，可能读了中国哲学、印度哲学、基督教哲学、西洋哲学……这些只能称为读书，不叫哲学。

我们会觉得庄子读了很多前人的哲学吗？好像不是。他只是在思考到底是爬在泥土里的乌龟比较快乐，还是被抓起来杀掉后装在黄金制成的盒子里，摆在皇宫里供着的乌龟比较快乐？我觉得这才是哲学。

哲学是面对现象的思考。如果你读很多庄子的寓言故事，却不能分析你当前的现象，我不觉得这是哲学。希腊所谓的 philosophy，哲学，是“爱智”的意思。热爱智慧、热爱思辨叫做哲学，如果你只是读别人讲过的东西，本身没有思辨，只是继承或模仿别人的想法，就不能称之为哲学。

因为，哲学的起点是怀疑。

孔子说：“己所不欲，勿施于人。”这句话对不对？我应该想想看，从正面想、从反面想，最后即使我同意孔子说的是对的，可是我有过一个思辨的过程，如果没有这个过程我就照做，它就不叫哲学，也不叫做思维。

每一天都有许多事件挑战着我们的思维能力。新闻报导某“署长”在 KTV 里疑似亲吻了另一个人，你是否开始去思维这个事情？还是媒体已经暴力到你觉得理所当然就是如此。如果人人都觉得“理所当然”，它就是一个暴力，而这个暴力没有思考。等到真相水落石出，所有人都不敢讲话，吓了一大跳，心想：“我那天怎么会相信这个人一定做了这件事情？”

我们很容易被媒体牵着鼻子走，因为我们的判断力和思考力都愈来愈弱，甚至到最后干脆说：“大家都这样讲的话，我就这样讲吧，我就是缺乏思维。”

我在巴黎读书时，交了一个经历过“文化大革命”的朋友，他说：“‘文化大革命’其实也没有那么难过，有人讲说要怎么样怎么样的时候，你先不要动，先观察，然后发现有一半以上的人都这样讲的话，你就开始这样子讲，然后你千万不要变成那最后的几个和最前面的几个，因为都可能倒霉。靠错边就不好了。”

最大的孤独

当百分之九十九点九的人说暴力是不好的，剩余的百分之零点一才说了：“暴力……”大家已经开始骂他了：“你没有人性，怎么会赞成暴力？”他可能不是选择赞成或反对，而是选择思考。

所以，我认为思维孤独，是六种孤独里面最大的孤独。作为一个不思考的社会里的一个思考者，他的心灵是最寂寞、最孤独的。因为他必须要先能够忍受，他所发出来的语言，可能是别人听不懂的、无法接受的，甚至是别人立刻要去指责的。作为一个孤独者，他能不能坚持着自己的思维性？是很大的考验。

把自己的声音变成唯一的声音

前篇提到庄子与惠施讨论“子非鱼，安知鱼之乐”，他们两个人的对话就是思辨的过程。可是如果你下次看到鱼的时候，对旁边的人说：“鱼很快乐。”他大概不会发展出“子非鱼，安知鱼之乐”的问题吧。甚至可能在你的朋友问了这句话后，你还会觉得他今天是怎么了？我们的社会，像这样的问话愈来愈少，意味着哲学和思辨愈来愈少。

大家都在讲一样的话，电视里面的东西一直重复，既没沉淀也没有思维。通常对立会产生思辨，但社会对立有了，思辨却无法产生，我们的对立只是为了打败对方，得到一个一致的结论，结果就是两败俱伤。

当我说，“解严”以前没有思维可言，很多朋友会说“解严”以前至少还有秩序，我不表认同，因为一个命令一个动作不叫秩序。秩序应该是大家各自有各自的意见，但彼此尊重。Harmonious，和谐，是源于音乐的概念，将各种不同的声音融合成最美的“和声”（harmony），而不是只有一种声音。

只有一个声音的社会是有问题的。大陆“文革”时期，整个社会的声音最一致，但那不叫做秩序，也不叫做和谐。

我一直期待“解严”后的台湾，会从一个声音变成很多声音，可惜到现在都还没发生。只有对立，没有思辨，都想把自己的声音变成唯一的声音，这是非常危险的事。

没有一种声音是绝对百分之百的好。任何一种声音都有其存在的价值，有其存在的理由，可是它也必须与其对立的声音产生互动，那才是好的现象。

新符号是思维的起点

思维，不应该是学院里空洞的理论，而是生活在一个城市、一个社会里的人，对一个事件有不同角度的思考。

七〇年代，我刚回台湾的时候，写过一篇文章谈凤飞飞。有些年轻朋友已经不太知道这位“帽子歌后”了。在七〇年代她每次出现都会戴顶帽子，和她之前所有歌星的造型不一样；如果大家仔细回忆，那个时候，正是台湾慢慢从农业走向加工出口业，经济转变的时期，在楠梓等加工出口区，许多的农村女孩都变成工厂女工，这时候凤飞飞的形象受到认同，她的帽子便成为一个代表“转变”的符号。

我们常常觉得流行文化不是哲学，我们的哲学系也不会去照顾流行文化，可是在流行文化里保持了最大的思考的可能性。凤飞飞是一种流行文化，邓丽君也是一种流行文化。军队里面很多老兵喜欢邓丽君，她代表的是温柔女性的形象，老兵一生的流亡和苍凉，好像都可以从她的声音中得到安慰。为什么是邓丽君而不是凤飞飞的声音呢？这就是符号的差异。后来邓丽君在大陆大红，因为“文革”后的大陆人和台湾老兵的经验是相似的，经历长年的颠沛流离，需要一个温柔女性的声音安慰。

分析当前流行的现象，非常有趣。不过，当我分析到现在当红的男子偶像团体 F4 时，我就不知道该怎么办了。好像距离太远了，但我没有放弃，我在想的是：为什么这几张脸会变成流行？作为一个讨论审美的人而言，我要讨论巴黎卢浮宫的“蒙娜丽莎的微笑”多美多美，太简单了，因为每个人都说美。可是对于当前的现象，为什么大家会崇拜这个偶像？这个偶像为什么在这个时间点蹿红？就是要用功的地方。

我最近常看到公共汽车上，贴着周杰伦拿着手机的海报。我觉得好奇怪，还尝试素描好好研究，这张脸为什么会变成流行？在我们这个时代，他的脸绝对不构成美的条件，也不符合我过去的审美标准，他对我而言是个功课，我要做这个功课，否则没办法跟他的群众沟通——我想我的学生大概都是他的群众。

研究周杰伦到最后，也许我会妥协，在吃饭时说：“周杰伦好帅！”来讨好我的学生。也许我不会，而是用我的角度跟他们对话，让他们也来了解我当年的偶像 James Dean，那个头发梳在后面、皮夹克领立起来，一副别人欠他好几百万的模样。还要躺在冰块上睡一个晚上，起来的时候看着冰块上面的人形，说：“好棒喔！”这是《天伦梦觉》《无因的反叛》这些老电影里，关于我的那个年代叛逆年轻人的符号。

每一个时代都会有新的符号出现，可能一样，可能完全不同，而这就是思维的起点。

放下成见才能进行思辨

城市里的艺术家，是社会里面的一个现象，也可以是一种思维。艺术家在不同社会里创造出来的审美价值，往往是检查思维最有趣的东西。不要小看审美，审美本身是种意识形态，真正的意识形态，这意识形态会借着审美去筛选出它所认可的价值。

如果我把唐朝美女的画像跟现代的美女照片摆在一起看，那是非常不一样的审美标准，为什么唐朝的人觉得肥胖是美？为什么现代人觉得瘦才是美？背后有一定的原因。

我们觉得青春是美，健康是美，可是有些朝代就会流行“病态美”，不要忘了长达六百年以上，中国女子会把脚缠到骨头都变形（这也是残害身体的可怕暴力）；现在我们觉得烟熏妆很美，可是在李商隐的朝代，流行的是“八字宫眉捧额黄”。什么是八字宫眉捧额黄？就是画两道下垂的八字眉，再用如鹅腹般的浅黄色粉，涂满额头，如果现代人化出这种妆，你一定会觉得好恐怖！但那是当时最流行的妆。

审美随着不同的时代、不同的意识形态，不断改变，一直在变。因此要对审美进行思辨时，首先要放下的是“成见”，也就是你原本具有的那个审美标准。

值得注意的是，成见包括你既有的知识，你的知识就是你思维的阻碍，因为知识本身是已经形成的观念，放在思维的过程中，就变成了“成见”。我们说这个人有成见，就是指他已经有预设立场，已经有结论了，所以他的思维也停止了。

不妨检视一下，打开电视看看，有多少东西是有成见的？

其实大部分的人，对大部分的事物都已经有了一个成见。所以我说要扮演不同于百分之九十九点九的人，坚持百分之零点一的角色会非常非常辛苦，他可能是伤风败俗，他可能众所瞩目，也可能是众矢之的。但我相信，社会里的思考者可以承担这种孤独。

孤独是思考的开始

在本书里，我一直说着一件事：这个社会要有一个从群众里走出去的孤独者，他才会比较有思考性，因为他走出去，可以回看群众的状态；如果他在群众当中，便没办法自觉。我自己也是一样，当我在群众中，我根本没有办法思考。所以孤独是思考的开始，可是我们为什么不让自己孤独？就像大陆朋友所说，“不要做前面几个，也不要做后面几个”。在群众里面，我们会很安全；跟大多数人一样，就不会被发现。

大凡思考者都是孤独的，非常非常非常孤独。例如庄子，他孤独地与天地精神往来，不与人来往。他从人群里面出走，再回看人间的现象，所以他会思考：爬在烂泥里的乌龟比较快乐，还是被宰杀后供奉在黄金盒子里的乌龟快乐？（是走出人群的人快乐，还是努力追求名利做官的人快乐？）他在思考，也在悲悯着这些汲汲营营的人。

庄子其实讲得很清楚，他愿意做在烂泥巴里爬来爬去活活泼泼的乌龟，因为那是他真正的自己，而不是用黄金装起来供奉在皇宫。别人觉得那意味高贵，却与他无关，被供奉表示已经没有生命，已经不是活着的了。庄子宁愿活着，以他自己的状态活着，即使别人觉得活着很穷困、很卑微，在烂泥巴里爬来爬去，却是他真实活着的状态。

这则寓言所阐述的，正是一个真正好的哲学家应具备的缜密思维，也教给其民族了不起的人性之传承与发扬。

但今天，我们看不到像庄子一样的孤独思考者，也看不到他在另一则寓言里说的“大而无用”的人。我们都好希望自己是个有用的人，如果比喻成树，就是希望自己能被拿去盖房子、造船，庄子却说：“无用之用，方为大用。”他提醒我们说，你可不可以扮演无用的部分百分之零点一？先回来做自己，然后你对社会的“有用”才有意义。如果你自己都不是自己了，只是被社会机器利用，没有思考能力的角色，对社会的贡献只是“小用”。

庄子长期以来保持一个高度，是一个独立思考的人，他几乎从未成为文化的主流，大概只有在魏晋时候昌盛一点，其重要性亦不如儒家。可是他追求个人的解放、追求个人的自由、追求个人在孤独里的自我觉醒，都是非常重要的思维。

无法形成思维的台湾

写作小说《猪脚厚腺带体类说》时，有点感慨台湾徒有许多事件（或称之为“乱象”，乱象是检查思维最好的机会），却无法形成真正的思维。

小说中假设了一个地名叫“万镇”，其实就是指万峦。我每次经过万峦，就会觉得这个地方好奇怪，有好多好多卖猪脚的店，每一家店都强调自己是“唯一”的正统、是“唯一”有领导去过的店，而且都有领导与自家猪脚的合照。去过的朋友会告诉我：“你要小心喔，很多店是假的，只有一家是真的。”可是从来没有人能具体说出哪一家是真的，为什么是真的。我也无从判断起，因为对现代人而言，合成照片并非难事，那些挂在店家前的“证据”无法证明什么。

为何会选择猪脚做发挥？我在《因为孤独的缘故》这本小说集里面，写了舌头、写了头发、写了手指，我觉得人身上有很多肢体的局部，平常都被当成身体的一部分，你没有办法思考当它作为独立的主体时，到底要怎么办。

今日人类面对一个非常大的困境，就是我们身体的任何器官都可以替换，这会不会让你想到“到底人是什么”的问题？过去，人之所以为人，好像有一个固定的人之所以为人的东西，这东西是什么，我们说不出来。但是当器官可以替换时，人变成由许多零件组装起来的一个整体，那么组装的局部到底是我不是我？

《猪脚厚腺带体类说》这篇小说，从市民广场上的猪脚塑像说起。塑像设计者是艺术家李君。我觉得在台湾社会里，艺术家往往代表特立独行的人，就是大家都剪短头发的时候，他就留长头发，大家洗澡他偏不洗澡的那一类。艺术家好像都有一点怪癖，他不会遵守社会的共同规则，艺术家是以其特立独行的角色或者用肢体语言去做某一种思辨。

留条小辫子像猪尾巴的艺术家李君，他觉得万镇既是以卖猪脚有名，这个市镇的公共艺术也应该是猪脚，于是他完成了以两千七百四十一只猪脚构成的塑像模型，送到镇公所。会计人员告诉他，一定要删掉一个。为什么？因为两千七百四十是个整数，比较好算。

这是我在《猪脚厚腺带体类说》这篇小说的开头，所用的好玩又荒谬的冲突情节，镇公所会计人员与艺术家的争执，其实只是为了一只猪脚。会计人员说少掉一只会少掉什么？（我们的社会少掉百分之零点一的意见，又会少掉什么？）可是艺术家却如丧考妣，认为少一只猪脚就是破坏了整件艺术品（艺术家所坚持的往往是其他领域的人无法理解的）。

冲突发生了，李君这个艺术家也不是好惹的，他脱了上衣在猪脚模型前拍照，做出被迫害状，贴出很多大字报（有一段时间，台湾很流行表现出这种受迫害的感觉），等到城市领导出面处理。城市领导信基督教，很聪明，他觉得这个城市根本是一个无可救药、堕落、败德的城市，可是因为他是城市领导，必须做出一个让大家有信心和有希望的姿态，所以他每天早上去晨泳，让大家看到他对生命非常乐观。当别人问他，对于艺术家与会计人员的抗争有什么看法时，他不直接回答，只说："地方有才华的年轻人，不可以埋没了。"

这句话是什么意思？大家猜到最后，觉得他是要保护这个艺术家，所以一只猪脚通过了。

台湾很多新闻事件不就是如此？在领导讲了一句大家似懂非懂的话以后，就会得出一个荒谬的结论，而事件就在荒谬的结论下，像滚雪球一样，愈滚愈大，愈滚愈大。

最后万镇完成了一座铜制的猪脚塑像，两千七百四十一只猪脚紧紧拥抱在一起。在塑像揭幕那一天，艺术家李君剪掉了辫子，穿上了西装，因为他觉得受到领导宠爱，应该要比较像个中产阶级吧。

这一段的灵感来自报纸上的真实事件，当时台湾有个画家，遇到我们岛屿领导说："你们艺术家为什么老是不穿西装？是不是没有西装？"领导送他一套西装，这个艺术家以后就常常穿西装了。看到这则新闻时，我觉得好惨喔，那百分之零点一的特立独行都没有了。

特立独行的困难在于只要一点点不坚持，就放弃了。因为这个社会里，有一个耶和华，一个无形的巨大的权威，你不知道他在哪里，如果你希望自己受到耶和华的恩宠，他摸摸头你就很高兴，你自然会开始放弃身上跟他不同的地方。

小说里的艺术家，当然不懂“无用之用”，他最后放弃了。扮演了领导要他扮演的角色，从这个时候开始，他那由两千七百四十一只猪脚构成的艺术品，丧失了意义。

无人理解的孤独

思辨本身并没有很困难，只要你不把每个问题都变成了是非题或者选择题。

思维开始于“无”，这是庄子最爱讲的一个字。无中生有，对哲学家、思维者而言，所有的“有”意义不大，真正有意义的是“无”。不管是老子或庄子，都重视“无”远超过“有”。无，为万物之始。所有的万物都是从无开始。而在思维时，“无”代表的就是让自己孤独地走向未知的领域，那个还没有被定位没有被命名的领域。由你为它命名、为它定位。如果你是真正的思考者，你命名完就走了，你必须再继续出走，因为前面还有要再继续探索的东西。庄子说：“吾生也有涯，知也无涯。”人活着，他的生命是有限的，可是他的知识是无限的，意思是说你怎么学都学不完，你必须不断地航向未知的世界。

可是大部分的人半路就停下来了，不肯走了。唯有真正的思维者坚持着孤独，一直走下去。最后，那个孤独的人，走在最前面的人，他所能达到的领域当然是人类的最前端。

所以，思维的孤独性恐怕是所有的孤独里面最巨大的一个。

任何一个社会皆是如此。当你坐着思考一个问题的时候，绝对保有一个巨大的自我的孤独性。所有的思考者，不管是宗教里的思考者、哲学里的思考者，他的孤独性都非常大，像苏格拉底，柏拉图将他描述为一个绝对的孤独者。他赞成民主，他坚持民主，他坚持用民主的方法做一切的决定，最后这个民主的方法决定他必须要喝毒药死掉，大家都知道他的下场。学生对他说：“你可以逃走，不要接受这个民主，因为这个民主是有错误的。”可是苏格拉底决定要喝下毒药，他成为历史上巨大的思维孤独的牺牲者。民主不见得都像我们想的那么理想。苏格拉底留下自己的死亡，让所有的民主崇拜者对民主做多一点的思考。

宗教哲学家亦会陷入巨大的孤独中，如释迦牟尼坐在菩提树下，进入自己的冥想世界，那是旁人无法进入的领域，无法领会其思维的世界，到底发生了什么样的过程，只有他自己知道。在艺术的创作上也是如此。耳朵聋掉之后，贝多芬在没有声音的世界里作曲；莫奈在八十岁眼睛失明之后，凭借着记忆画画，他们都变成绝对的孤独者，是相信自己的存在与思维，世界上没有人可以理解的那种孤独。

登山可以体验这种孤独感。登山的过程中，会愈来愈不想跟旁边的人讲话，因为爬山很喘，山上空气又很稀薄，你必须把体力保持得很好。爬山的人彼此之间会隔一段蛮长的距离，很少交谈。行进中，你会听到自己的心跳，听到自己的呼吸。休息时，则是完全静下来，看着连绵不断的山脉，浩浩穹苍，无尽无涯，那种孤独感就出来了，孤独感里还带点自负。你真正意识到自己的存在，是跟所有周边的存在，形成一种直观的亲密。

《小王子》书里常常讲到这种孤独，是一种巨大的狂喜，会听到平常完全听不到的声音。我相信，贝多芬在耳聋之后，听到的声音是在他聋之前完全听不到的；我也相信，莫奈这么有名的画家，在失明之后，所看到的颜色是他在失明之前完全看不到的。我更相信，我们心灵一旦不再那么慌张地去乱抓人来填补寂寞，我们会感觉到饱满的喜悦，是狂喜，是一种狂喜。

就像气球，被看起来什么都没有的气体充满，整个心灵也因为孤独而鼓胀了起来，此时便能感觉到生命的圆满自足。

孤独圆满，思维得以发展

禅宗有一则有趣的故事。小徒弟整天跟老师父说："我心不安，我心不安。"他觉得心好慌，上课没有心上课，做功课没有心做功课，问老师父到底该怎么办？师父拿出一把刀，说："心拿出来，我帮你安一安。"

心一直在自己身上，心会不安，是被寂寞驱使着，要去找自己以外的东西。可是所有东西都在自己身上了，一直向外追寻，是缘木而求鱼，反而让自己慌张。

我想，思维与孤独的关系亦是如此，回过头来认识孤独的圆满性时，思维就会慢慢发展。

也许对我们的城市、我们的岛屿，尤其是我们的政治和我们的媒体而言，孤独太难能可贵了，我们盼望一个不那么多话的领袖，可以在刹那之间透露一点孤独的思维，就像释迦牟尼坐在菩提树下，静静地拿起一朵花，弟子们就懂了。

在《语言孤独》篇，已经谈到语言的无奈，愈多的语言就有愈多的误解，愈多的语言就有愈多的偏见，愈多的语言就有愈多纠缠不清的东西。这个时候更需要孤独的力量，让大家沉淀，然后清明。

我们不要忘了，波平如镜，水不在最安静的状况下无法反映外面的形象。以此比喻，我们居住的岛屿，每天都波澜壮阔，没有一件东西会映照在水面，没有办法反省也没有办法沉淀。

孤独是一种沉淀，而孤独沉淀后的思维是清明。静坐或冥想有助于找回清明的心。因为不管在身体里面或外面，杂质一定存在，我们没办法让杂质消失，但可以让它沉淀，杂质沉淀之后，就会浮现一种清明的状态，此刻你会觉得头脑变得非常清晰、非常冷静。所以当心里太繁杂时，我就会建议试试静坐，不是以宗教的理由，而是让自己能够得到片刻的孤独，也就是庄子说的“坐忘”。

现代人讲求记忆，要记得快记得多，但庄子认为“忘”很重要，忘是另一种形式的沉淀，叫做“心斋坐忘”。忘是一种大智慧，把繁琐的、干扰的、骚动的忘掉，放空。老子说空才能容，就像一个杯子如果没有中空的部分就不能容水。真正有用的部分是杯子空的部分，而不是实体的部分。一栋房子可以住人，也是因为有空的部分。老子一直在强调空，没有空什么都不通，没办法通，就没办法容。

物质的“空”较简单，心灵上的“空”恐怕是最难。你要让自己慢慢地从不怕孤独到享受孤独，之后才能慢慢达到那样的境界。

孤独一定要慢，当你急迫地从A点移动到B点时，所有的思考都停止。生命很简单，也是从A点到B点，由生到死。如果你一生都很忙碌，就表示你一生什么都没有看到，快速地从A点到了B点。难道生命的开始就是为了死亡吗？还是为了活着的每一分每一秒。与孤独相处的时候，可以多一点思维的空间，生命的过程会不会更细腻一点？

让自己有一段时间走路，不要坐车子赶捷运，下点雨也无妨，这时候就是孤独了。

伦理不总是那么美好，伦理缺憾的那个部分，
以及在伦理之中孤独的人，我们要如何看待？

六篇

At the Sixth

伦理孤独

伦理是最困扰我的一个问题。据我观察，也是困扰社会的一个议题。

就文字学上来解释，伦理是一种分类，一种合理的分类。我们把一个人定位在性别、年龄或者不同的族群中，开始有了伦理上的归类，父亲、母亲、丈夫、妻子，都是伦理的归类。甚至男或女，都是一种伦理的归类。

人生下来后，就会被放进一个人际关系网络中的适当位置，做了归类。在人类学上，我们会有很多机会去检查这种归类的合理性以及不合理性，或者说它的变化性，当归类是不合理性的时候，我们会用一个词叫做“乱伦”。这个词在媒体，或者一般阐述道德的概念上常会用得到。如果做一份问卷调查：“你赞成乱伦吗？”大概会有百分之九十九点九的人说不赞成。延续上一篇提到的，在思维孤独之中，社会上百分之零点一，或者是百分之零点零一的人的想法是值得我们注意的，他也许觉得不应该立刻说赞成或者不赞成，而是要再想想什么是乱伦。

道德是预设的范围

乱伦就是将既有的人际关系分类重新调整，背叛了原来的分类原则，甚至对原来的分类原则产生怀疑，因而提出新的分类方式。我举个很简单的例子，古埃及文明距今约有四千多年，其中长达一千多年之久的时间，法老王的皇室采取分类通婚，在人类学上称为“血缘内婚”，也就是为了确保皇室血缘的纯粹，皇室贵族不可以和其他家族的人通婚。

直到有一天，古埃及人发现血缘内婚所生下来的孩子，发生很多基因上的问题，智力也会比一般人差，于是演变为“血缘外婚”，也就是同一个家族内不可以通婚。

从人类学的角度理解所谓的“伦理”和“乱伦”，其实是一直在适应不同时代对道德的看法。在血缘内婚的时代，埃及法老王娶他的妹妹为妻，或是父亲娶女儿为妻，是正常的，如果娶的是一个血缘不同、其他家族的人，那才叫做乱伦。

道德对人类的行为，预设了一个范围，范围内属于伦理，范围外的就是乱伦。而在转换的过程中，所有的伦理分类都要重新调整。我相信，人类今天也在面对一个巨大的伦理重新调整的时代。

举例而言，过去的君臣伦理已经被颠覆了，但是在转换的过程，我们还是存在一种意识形态：要忠于领袖人物。这个伦理在我父亲那一辈身上很明显，在我看来则是“愚忠”，可是我无法和父亲讨论这件事，一提到他就会翻脸，忠君爱国的伦理就是他的中心思想，不能够背叛。在古代，君臣伦理更是第一伦理，“君要臣死，臣不能不死”，不论合理不合理。如果从君臣伦理的角度来看，我们都乱伦了，我们都背叛了君臣之伦。

必须渡过的难关

五伦之中，最难以撼动的是父子伦，也就是亲子之间的伦理。

儒家文化说“百善孝为先，万恶淫为首”，意思是在所有的善行中，第一个要做的就是孝，而所有的罪恶中以情欲最严重。所以汉代时有察举孝廉制度，乡里间会荐举孝子为官，认为凡是孝顺的人，就一定能当个好官。但是我们看东汉的政治，并没有因为察举制度改革官僚体制，反而有更多懦弱、伪善的官员出现。连带地，孝也变成伪善，是可以表演给别人看的。

但是直到今日，我们还是可以看到，丧礼上丧家会请“孝女白琴”、“五子哭墓”来帮忙哭。孝在这里变成一种形式，一种表演，一个在本质上很伟大的伦理，已经被扭曲成只具备外在空壳的形式。

我们谈乱伦，其实里面有很多议题。今天我们可以说都乱伦了，因为我们违反了君臣伦，也推翻了“君要臣死，臣不能不死”的第一伦理。可是，最难过的一关，也是我自己最大的难题——父母的伦理，还是钳制着我们。

中国古代文学里，有一个背叛父母伦理的漏洞，就是《封神榜》里的哪吒。哪吒是割肉还父，割骨还母，他对抗父权权威到最后，觉得自己之所以亏欠父母，就是因为身体骨肉来自父母，所以他自杀，割肉还父，割骨还母，这个举动在《封神榜》里，埋伏着一个巨大的对伦理的颠覆。近几年，台湾导演蔡明亮拍电影《青少年哪吒》，就借用了这个叛逆小孩形象，去颠覆社会既有的伦理。

相较之下，西方在亲子伦理上的压力没有那么大。在希腊神话中，那个不听父亲警告的伊卡洛斯（Icarus），最后变成了悲剧英雄。他的父亲三番两次地警告伊卡洛斯：他的翅膀是蜡制的，遇热就会融化，因此绝不可以高飞。可是伊卡洛斯不听，他想飞得很高，如果可以好好地飞一次，死亡亦无所谓；就像上一篇提到的飙车的年轻人，能够享受做自己主人的快感，死亡也是值得的。

伊卡洛斯和在某一段时间里地位尴尬的哪吒不一样，他变成了英雄，可是我相信在现代华人文化里，哪吒将成为一个新伦理；他割肉还父，割骨还母不是孝道，而是一种背叛，是表现他在父权母权压制下的孤独感。

我从小看《封神榜》，似懂非懂，读到哪吒失去肉身，变成一个漂流的灵魂，直到他的师父太乙真人帮助他以莲花化身，莲花成为哪吒新的身体，他才能背叛他的父亲。最后哪吒用一枝长矛，打碎父亲的庙宇，这是颠覆父权一个非常大的动作。

在传统的伦理观中，父权是不容背叛的，我们常说“天下没有不是的父母”，这也是我们从小所受的教育，可是这句话如何解释？如果家族中，父亲说他要贿选，你同不同意？如果父亲说要用几亿公款为家族营私，你同不同意？许多政治、企业的家族，就是在“天下没有不是的父母”前提下，最后演变成不可收拾的包庇犯罪。

延续上一篇《思维孤独》的观点，我一直期盼我们的社会能建立一个新的伦理，是以独立的个人为单位，先成为一个可以充分思考、完整的个人，再进而谈其他相对伦理的关系。如果自我的伦理是在一个不健全的状况下，就会发生前面所说的，家族伦理可能会让营私舞弊变成合理的行为。刚刚那一句听起来很有道理的话“天下没有不是的父母”，可能就因为家族里的私法大过社会公法，恰恰构成社会无法现代化的障碍。

孔子碰到过这样的矛盾。有个父亲偷了羊，被儿子告到官府，别人说这个儿子很正直，孔子大不以为然。他觉得：“怎么会是儿子告父亲？”这样的矛盾至今仍在，许多的事件都是这个故事的翻版；家庭内部的营私舞弊能逃过法网、家族的扩大变成帮派，都是因为这样的矛盾。

如果我是孔子，听到这样的事，也会感到为难。这个“为难”是因为没有一种百分之百完美的道德；一个社会里，若是常发生儿子告爸爸的事，表示完全诉诸于法律条文，这样的社会很惨；一个社会里，若是儿子都不告爸爸，那也会产生诸多弊病，“天下没有不是的父母”这样的议题会继续延续。

孤独的同义词是出走，
从群体、类别、
规范里走出去，
需要对自我很诚实，
也需要非常大的勇气。

这种为难就造成上一篇所说的思维的两极，如果你和孔子一样，关心的是道德，就会觉得儿子不能告爸爸，如果你关心的是法律，就会觉得儿子应该告爸爸。但是作为一个思维者，他会往中间靠近，而有了思辨的发生。

可是，孔子已经给了我们一个结论："父为子隐，子为父隐。"你可以拿这八个字去检视在现今所发生的大小弊案，他们没有错啊，他们都照孔子的话做了，可是这些问题如何解决？我相信，即使现在儿子按铃申告父亲舞弊，还是有人会指责他乱伦。但是如果能不要急着下结论，不要走向两极，多一点辩证，让两难的问题更两难，反而会让社会更健全、更平衡。

孔子会说"父为子隐，子为父隐"，是他在两难之中做的选择，我看了也很感动，因为一个只讲法律的社会是很可怕、很无情的社会，而我相信这是他思考过后的结论。我不见得不赞成，但是当这个结论变成了八股文，变成考试的是非题时，这个结论就有问题了，因为没有思考。

道德和法律原本就有很多两难的模糊地带，这是我们在讲伦理孤独时要渡过的难关，这个难关要如何通过，个人应如何斟酌，不会有固定的答案。

活出自己

我记得年少时，读到哪吒把肉身还给父母，变成游魂，最后找了与父母不相干的东西作为肉体的寄托，隐约感觉到那是当时的我最想做的背叛，我不希望有血缘，血缘是我巨大的负担和束缚。父母是我们最大的原罪，是一辈子还不了的亏欠，就是欠他骨肉，欠他血脉，所以当小说描述到哪吒割肉还父、割骨还母时，会带给读者那么大的震撼。可是，这个角色在过去饱受争议，大家不敢讨论他，因为在“百善孝为先”的前提之下，他是一个孤独的出走者。

哪吒不像希腊的伊卡洛斯成为悲剧英雄，受后人景仰。野兽派大师马蒂斯有一幅画，就是以伊卡洛斯为主角，画了黑色的身体、红色的心，飞翔在蓝色的天幕里，四周都是星辰，那是马蒂斯心目中的伊卡洛斯。虽然他最终是坠落了，但他有一颗红色的心，他的心是热的，他年轻，他想活出他自己，他想背叛一切捆绑住他的东西……

伊卡洛斯的父亲错了吗？不，他是对的，他告诉伊卡洛斯不要飞得太高，飞得太高会摔死，可是年轻的伊卡洛斯就是想尝试，他能不能再飞得更高一点。

这里面还牵涉到一个问题，我们的身体是属于谁的？在我们的文化里，有一个前提是：“身体发肤，受之父母，不敢毁伤。”我们的身体是父母给予的，所以连头发都不能随便修剪，否则就是背叛父母。

但在《暴力孤独》和《思维孤独》篇中，我提到，我们对自己的身体有一种暴力的冲动，所以会去刺青、穿孔、穿洞，做出这些事的人，他们认为身体发肤是我自己的，为什么不能毁伤？他从毁伤自己的身体里，完成一种美学的东西，是我们无法理解的。那么，究竟肉体的自主性，要如何去看待？

伦理的分类像公式

在《因为孤独的缘故》这本书里，有很多背叛伦理的部分。在《热死鹦鹉》中，医学系的学生爱上老师；在《救生员的最后一个夏天》里，读建筑设计的大学生回到家里，爸爸对他说，他要跟他的男朋友 Charlie 到荷兰结婚了。这些都不是我们的伦理所能理解的事情，可是正因为有这些只占百分之零点一的冰山一角，才能让我们看见，原有的伦理分类是不够的。

任何一种伦理的分类，就像是一道公式，很多人其实是在公式之外，可是因为这是“公认”的公式，大家不敢去质疑它，所以许多看起来没有问题的伦理都有很大的问题。

在《救生员的最后一个夏天》中，大学生的父亲有妻子、儿子，完全符合伦理，可是他却引爆了一个颠覆伦理的炸弹，他要建立的新伦理是一直存在却不容易被发现的事实。它可能就在你身边，可能就是你的父亲或丈夫，可是你不一定会发现，因为这个伦理是被社会的最大公约数所掩盖了。

然而，当这个社会有了孤独的出走者，有了特立独行的思维性，这个伦理的迷障才有可能会解开。

另一种形式的监控

谈到伦理孤独，我想以自己的小说《因为孤独的缘故》作为例子。当我在写作这篇小说时，身边有些故事在发生。八〇年代后期，绑架儿童的案件层出不穷，每天翻开报纸都可以看到很耸动的标题，而发生这些事件的背景，就是原有的社区伦理结构改换了。

我记得小时候，居住在大龙峒的庙后面，小区里的人常常是不关门的。我放学回家时，妈妈不在家，隔壁的张妈妈就会跑来说："你妈妈身体不舒服，去医院拿药，你先到我家来吃饭。"那个社区伦理是非常紧密的，紧密到你会觉得自己随时在照顾与监视中——照顾与监视是两种不同的意义；张妈妈在我母亲不在时，找我去她家吃饭，这是照顾；有一次我逃学去看歌仔戏，突然后面"啪"的一巴掌打来，那也是张妈妈，她说："你逃学，我要去告诉你妈妈。"这是监视。

传统的小区伦理有两种层面，很多人看到照顾的一面，会说："你那个时代的人情好温暖。"可是就我而言，社区所有的事情都被监视着，发生任何一件事情就会引起漫天流言耳语。那个时候，电视、广播没有那么流行，也没有八卦媒体，但因为社区结构的紧密，消息传播得比什么都快。

到了八〇年代，台北市开始出现公寓型的新社区，愈来愈多人搬进公寓里，然后你会发现，公寓门窗上都加装了铁窗，而相邻公寓间的人不相往来。当家庭中的男人、女人都出去工作时，小孩就变成了"钥匙儿童"——在那个年代出现的新名词，儿童脖子上挂着一串钥匙，自己去上学，放学后自己回家，吃饭也是自己一个人。

改变的不只是社区结构，我在大学教书时，从学生的自传中发现，单亲的比例愈来愈高，从三分之一渐渐提高到了二分之一。这在我的成长过程里，是几乎不会发生的事情，不管夫妻之间感情再不睦，家庭暴力如何严重，夫妻两人就是不会离婚，因为在道德伦理规范下，离婚是一件很可耻的事。但在八〇年代后，即使女性对于离婚的接受度也提高了——不只是女性，但女性是较男性更难接受婚姻的离异。

这段期间，整个社会在面临一种转变，不仅是经济体制、社区关系，还有家庭形态也改变了。我在《因为孤独的缘故》这篇小说中，试图书写在整个社会伦理的转换阶段人对自我定位的重新调整。

小说用第一人称“我”，写一个四十六七岁左右的更年期后期的女性，她的身体状况及面临的问题。当时有点想到我的母亲，她在四十五岁之后有许多奇怪的现象，当时我约莫二十出头，没有听过什么更年期，也没有兴趣去了解，只是觉得怎么妈妈的身体常常不好，一下这边痛，一下那边不舒服。那时候几个兄弟姊妹都大了，离家就业求学，最小的弟弟也读大学住在宿舍，常常一接到妈妈的电话，就赶回家带她去看病，持续了一年多。有一天医生偷偷跟我说：“你要注意，你的母亲可能是更年期，她并没有什么病，只是会一直说着身体不舒服。”这是我第一次接触到“更年期”这个名词，也去翻了一些书，了解到除了生理的自然现象外，一个带了六个孩子的专职母亲，在孩子长大离家后，面对屋子里的空洞和寂寞，她可能一下无法调适，所以会借着生病让孩子返家照顾她。

就像医生对我说的，她的心理的问题大过身体的问题。她的一生都在为家庭奉献，变成了惯性，即使孩子各有一片天了，她一下子也停不下来，因为从来没有人鼓励她去发展自我的兴趣。所以我在小说里用“我”，来检视自己年轻时候对母亲心理状态的疏忽，我假设“我”就是那个年代的母亲，卖掉公家的宿舍，因为孩子都离家了，不需要那么大的空间，和父亲一起住在一栋小公寓中。

“我”和丈夫之间的夫妻伦理，也不是那么亲密，不会讲什么心事，也不会出现外国电影里的拥抱、亲吻等动作——我想我们一辈子也没看过父母亲做这件事，我们就生出来了。我的意思是说，那个时代生小孩和“爱”是两回事。我相信，我爸爸一辈子也没对我妈妈说过“我爱你”，甚至在老年后，彼此交谈的语言愈来愈少。回想起来，我父母在老年阶段一天交谈的话，大概不到十句。

小说里的“我”，面对比她大两岁的丈夫，戴着老花眼镜，每天都在读报纸。她很想跟他说说话，可是她所有讲出来的话都会被丈夫当作是无聊。她住在三楼的公寓，四楼有两户，一户是单身的刘老师，一个爱小孩出名的老先生；一户则是单亲妈妈张玉霞，带着一个叫“娃娃”的孩子。

张玉霞是职业妇女，有自己的工作，可是小说里的“我”，生活只有丈夫和小孩，当她唯一的孩子诗承到美国念书后，突然中断了与孩子的关系，白天丈夫去上班时，她一个人住在公寓里，很寂寞，就开始用听觉去判断在公寓里发生的所有的事情。她从脚步的快慢轻重，或是开锁的声音，听得出上楼的人是谁。例如张玉霞“开锁的声音比较快，一圈一圈急速地转着，然后当一声铁门重撞之后，陷入很大的寂静中”。如果是张玉霞的儿子娃娃，一个八岁的小男孩，回来时就会像猫一样轻巧，他开门锁的声音也很小，好像他不愿意让别人知道他回来或者出去了。

小说里的“我”分析着公寓里别人的心理问题，自己却是处在最大的寂寞之中。如果你有住在公寓里的经验，你会发现公寓是很奇怪的听觉世界，楼上在做什么，你可以从声音去做判断，可是一开了门，彼此在楼梯间遇到，可能只有一句“早！”，不太交谈，因为公寓里的伦理是疏远的。

小说里的“我”正经历更年期，丈夫也不太理她，所以她试图想找一个朋友，要和张玉霞来往。她碰到娃娃，问他姓什么，他说姓张。

所以有一天她碰到张玉霞时，就叫她张太太，没想到张玉霞回答她：“叫我张玉霞，我现在是单亲，娃娃跟我姓。”

“我”受到很大的打击，因为在她那一代的伦理，没有单亲，也没有孩子跟妈妈姓这种事情，她不知道怎么回答了，当场愣在那里。而小说里的张玉霞，是台湾一个小镇里的邮局女职员，她认识了一个在小镇当兵的男孩子，两个人认识交往，发生了关系，等到男孩子退伍离开小镇时，她怀孕了，可是却发现连这个男孩子的地址都没有。她找到他的部队里去，才知道男孩子在入伍的第一天就说：“这两年的兵役够无聊，要在这小镇上谈一次恋爱，两年后走了，各不相干。”张玉霞在这样的状况下，生下了娃娃，在唯一一次的恋爱经验里，充满了怨恨。可是她还是独立抚养娃娃长大，并让娃娃跟她的姓。

这样的伦理是小说中第一人称“我”所无法理解的，但在八〇年代的年轻女性中逐渐成形，而在今日的台湾更是见怪不怪，我们在报纸上会读到名人说：“我没有结婚，但我想要个孩子。”这样的新伦理已经慢慢被接受了。

但对“我”而言，这是一件很新奇的事，所以当天晚上睡觉时，她迫不及待地对先生说：“楼上四楼 A 的张太太丈夫不姓张唉！——”

等她说完，她的先生“冷静地从他老花眼镜的上方无表情地凝视着”，然后说了一句：“管那么多事！”仍然没有表情地继续看报纸。

这让“我”感到很挫折，他们一天对话不到十句，里面可能都是“无聊！”、“多管闲事！”可是这是她最亲的人，伦理规定他们晚上要睡在一张床上，他们却没有任何关系，包括肉体、包括心灵，都没有。

我想，这是一个蛮普遍的现象。一张床是一个伦理的空间，规定必须住在一起。可是在这张床上要做什么？要经营什么样的关系，却没有伦理来规范，也就是有伦理的空间，但没有实质内容。

我常举三个名词来说明这件事：性交、做爱、敦伦。我们很少用到“性交”这个词，觉得它很难听，可是它是个很科学的名称，是一种很客观的行为记录。“做爱”这个名词比较被现代人接受，好像它不只是一种科学上的行为，还有一种情感、心灵上的交流，不过在我父母那一代，他们连“做爱”这两个字都不太敢用，他们会说“敦伦”。

小时候我读到《胡适日记》上说，“今日与老妻敦伦一次。”我不懂敦伦是什么，就跑去问母亲。母亲回答我：“小孩子问这个做什么？”直到长大后，我才了解原来敦伦指的就是性交、做爱。“敦”

是做、完成的意思，敦伦意指“完成伦理”，也就是这个行为是为了完成伦理上的目的——生一个孩子，所以不可以叫做“做爱”，做爱是为了享乐；更不能叫做“性交”，那是动物性的、野蛮的。

很有趣的是，这三个名词指的是同一件事情，却是三种伦理。所以你到底是在性交、做爱，还是敦伦？你自己判断。这是伦理孤独里的一课，你要自己去寻找，在一个伦理空间里，要完成什么样的生命行为？是欲念、是快乐、是一种动物本能，还是遵守规范？你如果能去细分、去思辨这三种层次的差别，你就能在伦理这张巨大的、包覆的网中，确定自己的定位。

伦理是保护还是牢笼？

当小说里的“我”面对巨大的寂寞，寂寞到在公寓里用听觉判别所有的事物，丈夫又总是嫌她多管闲事时，有一天她想出走了。她想，为什么张玉霞可以那么自信地告诉别人她是单亲妈妈，而“我”不行？既然小孩都长大出国念书了，“我”也可以离婚、也可以出走啊！

她走出去了，走到巷口，就遇到眼镜行的老板，她和丈夫前几天去配眼镜，还在店里吵起来。眼镜行老板对她说：“回家吗？再见哦。”这个“我”就一步一步走回家去了。她发现她过去所遵守的伦理是被一个巷子里的人认可的，她要走也不知道要走到哪里。她根本不是一个“个人”。

一个中年的妇人，在一个地区住一段时间，她不再是她自己，她同时也是某某人的太太，当她走在路上遇到人时，别人问候的不只是她，也会问起她的先生。她不知道要走到哪里去。她没有亲人，没有朋友，也没有收入，也不敢去找旅馆，她唯一拥有的是一把钥匙，家里的钥匙。

对一个习惯伦理规范的人，伦理孤独是一件很可怕、让人不知所措的事，就像在茫茫大海之上。所以对这个中年妇人“我”而言，她最伟大的出走，就是走到巷口，又回头了。这次出走，除了她自己，没有人知道。眼镜行老板也不会知道她曾经有出走的念头。

这是我一个朋友的故事。我的大学同学告诉我，她有一天跟先生闹得不愉快，想出走，可是站在忠孝东路站好久，发现没有地方可去。我想，她不是真的无处可去，而是她没办法理直气壮地告诉任何人，她可以出走，因为她没有任何信仰支持她这么做，因为当一个人的自我长期消失了三四十年之后，怎么也找不回来了。

很多人问我为什么这篇小说会用第一人称，而且是写一个中年妇人，我的想法是能够设身处地去写这么一个人，假如我是一个这样的女性，我的顾虑会是什么？我自己是一个说走就走的人，随时包包一收就飞到欧洲去了，我无法想象我的母亲一辈子都没做过这样的事，甚至连独自出走一天都无法完成。伦理对她是保护还是牢笼？这又是另一个两难的问题。

她有没有一个去寻找自我的机会？我们从来不敢去问这个问题，如果我们拿这个问题问父母的话，我相信她会哭，她会吓一跳。

我有一个学生，在国外住很久了，每隔几年会回来探望在台湾中南部的父母。他的母亲不打电话则已，打给他就是抱怨他的父亲，爱赌博、把积蓄拿去炒股票都没有了……他的记忆里，从小开始，母亲就一直在抱怨爸爸。后来，他再回来时，一样听他母亲抱怨，抱怨到最后就是哭，然后说："我受不了了，我没办法再跟他生活下去。"这些话一再重复，重复到我这个朋友也受不了，他就跟母亲说："好，我明天就带你去办离婚。"结果母亲哭得更大声，很生气地骂他："你这不孝的孩子，怎么可以说这种话？怎么可以这样做？"

这就是伦理的纠缠，她无法把离婚这个行为合理化，只能抱怨，不停地抱怨，把抱怨变成伦理的一部分。她认同了抱怨的角色，她愿意用一辈子的时间去扮演这个角色。你看电视剧里那些婆婆、媳妇的角色，不也都是如此？这种剧情总是卖点，代表了伦理孤独里那个潜意识的结一直存在，而且大部分是女性。

所以她会选择哭、选择抱怨，她拒绝思维；如果她开始思维，她不会哭的，她会想怎么解决问题。可是她选择哭，表示她只是想发泄情绪而已。

孤独的同义词是出走，从群体、类别、规范里走出去，需要对自我很诚实，也需要非常大的勇气，才能走到群众外围，回看自身处境。

今天若有个女性说："我没有结婚啊，我没有丈夫，只有一个孩子。"除了经济上的支持外，她还需要体制的支持，才能够做这件事。当前的确处于转型的时刻，我们在面对各种现象时可以去进行思维，如果我们可以不那么快下结论的话，这些问题将有助于我们厘清伦理孤独的状态。

心理上的失踪

"我"这个中年妇人出走到巷子口，又回家了，她继续关在公寓里，继续听每一家的钥匙怎么打开，怎么关门。

有一次“我”和张玉霞聊天时，提到她很讨厌住在四楼B的刘老师。张玉霞说：“他很爱孩子唉！”“有几次我和娃娃一起，遇见了他，他就放慢脚步，跟娃娃微笑。”但是这个“我”还是觉得刘老师很怪异，身上有一种“近于肉类或蔬菜在冬天慢慢萎缩变黄脱水的气味”。

这个单身的刘老师，从小学退休之后，常常在垃圾堆里捡人家丢掉的洋娃娃，有一次在楼梯间刚好遇到第一人称的“我”，他拿着一个破损的洋娃娃头，向“我”展示，说这洋娃娃的眼睛还会眨。刘老师经常捡一些破损的洋娃娃头、手、脚回来，放在黑色的木柜里，而这件事就和社会事件中频频发生的儿童失踪案联结在一起。

失踪不一定是具体的失踪，可能是心理上的失踪。如果你有看过法国超现实导演布努埃尔（Luis Buñuel）的作品《自由的幻影》（Le Fantôme de la Liberté），里面有一段以超现实的手法处理儿童失踪。那一段是老师在课堂上点名，点到了Alice，Alice也喊了“有”，可是老师却说她失踪了，马上通知家长来。她的父母到了学校，Alice说：“我在这里。”但爸爸妈妈说：“嘘，不要讲话。”然后转头问老师："她怎么会失踪？"

失踪在电影里变成了另一种现象，其实人在，你却觉得他不在。例如一对貌合神离的夫妻，他们躺在同一张床上，对彼此而言却是失踪的状态。我们一直觉得被绑架才叫失踪，可是如果你从不在意一个人，那么那个人对你而言不也是失踪了？

电影启发我把失踪转向一个心理的状态，表示失踪的人在别人心里消失了，没有一点具体的重量。我有一个朋友也是单亲妈妈，孩子很小的时候，她的工作正忙，晚上应酬也很多，她没有太多时间陪小孩，就让小孩挂串钥匙上下学。她也很心疼小孩，却没办法陪伴她，又很担心孩子被绑架，所以她就在每天晚上回家时，孩子已经写完功课准备要睡了，她硬拉着小孩一起练习各种被绑架的逃脱术。有一次，她就在我面前表演，戴上绑匪的帽子、口罩，让孩子练习逃脱。当时我觉得好可怕，就像军队的震撼教育一样，可是让我更震撼的是，这个城市的父母都已经被儿童绑架事件惊吓到觉得孩子都不在了，孩子明明在她面前，却觉得她已经失踪了。

朋友的故事变成小说里张玉霞和孩子娃娃每天晚上的"特别训练"。而住在三楼的这个"我"，每天晚上就会听到各种乒乒乓乓的声音。

爱成了寄托，丧失了自我

这个公寓里最大的寂寞者——“我”，因为没办法出走，就把生命寄托在儿子身上，所以她生活里最重要的事情，就是在收到儿子诗承寄来的信时，拿着红笔勾出重点，她每读一次，就觉得还有重点没画到，再画一次。他的儿子读法律，寄来的信很少问候父母，都是摘录一些中文报纸上的新闻，有一次提到了儿童失踪案，引起了“我”的兴趣，她开始搜集报纸上的报导，准备要寄给儿子。

这里我们可以看到，“我”这个中年妇女，把生活的重心放在居住在遥远美国的儿子身上，他所关心的事情，就变成她关心的事情。当我们在伦理的网络之中，很难自觉到孤独，就是因为我们已经失去自我，而这个自我的失去，有时候我们称之为“爱”，因为没有把自己充分完成，这份爱变成丧失自我主要的原因。

有一天，娃娃失踪了。失踪不再只是新闻报导，而变成一个具体事件，而且是在“我”住处楼上发生的事情。娃娃的母亲张玉霞几乎到了崩溃的地步，而这一切是“我”所预知的，她听着下班后的张玉霞上楼、开锁、关门的声音，然后她走到房门边，“等候着张玉霞在房中大叫，然后披头散发地冲下三楼，按我的门铃，疯狂地捶打我的房门，哭倒在我的怀中说：‘娃娃失踪了。’”

人在某一种寂寞的状态，会变得非常神经质，敏锐到能看到一些预兆，而使得假象变成真相。

布努埃尔另一部电影《厨娘日记》（Le Journal d'une femme de chambre），叙述一个绅士在妻子死后，雇佣一个厨娘，厨娘在日记里写着这个外表行为举止都很优雅的绅士，其实是一个好色之徒，常常偷看她洗澡更衣。这部电影有一大半是在对比这个绅士的里外不一，一直到最后才揭晓，原来偷窥是厨娘长期寂寞里所产生的性幻想。

所以小说里的“我”听到张玉霞的尖叫声、哭声，然后冲下来按门铃，哭倒在她怀中，这是幻想还是真实发生？我们不知道。她开始安慰张玉霞，然后报警，三天后来了一个年轻俊美的警察，警察到她家就说，他是“为了多了解一点有关刘老师的生活”而来，他们都觉得刘老师最有嫌疑，因为刘老师非常爱娃娃，在楼梯间遇到时就会对他微笑，摸摸他的头，还会买糖给他。

在儿童失踪案经常发生的时期，一些原本爱小孩的人，看到小孩都不敢再靠近了，怕让人误会。这个刘老师原本是大家口中的好人，因为他特别爱孩子，他退休后还会到小学门口，陪孩子玩，教他们做功课。可是在儿童绑架勒索案愈来愈多时，人们开始怀疑他，甚至是怀疑这个糟老头是不是有恋童症？刘老师突然就从一个慈父的形象，变成了恋童癖。

一成不变的危机

当年轻的警察看到茶几玻璃板下压的一张诗承的照片，随即涨红了脸，“他说是诗承在某南部的市镇服役时认识的，那时他正在一所警察学校读书，他们在每个营区的休假日便相约在火车站，一起到附近的海边玩”。

作为母亲的“我”听完吓了一跳，诗承当兵时从来没有跟她说过和一个警察这么要好，这时候她身为母亲的寂寞，以及伦理中的唯一连系，再次面临了危机。

我其实是想一步一步解散这个“我”引以为安的伦理，因为所有伦理的线都是自己所假设的，其实它无法捆绑任何东西，也联系不起任何东西。如果没有在完成自我的状态下，所有的线都是虚拟假设的。

在小说里“我”是真正的主角，虽然很多朋友看小说，会觉得刘老师是主角，或张玉霞是主角，但是我自己在撰写时，主角是假设为第一人称的这个“我”，我就让她一步一步地面临伦理的崩解，而和社会上存在的现象去做一个对比，而这个角色可能是我的母亲，可能是我的朋友，也可能是许许多多的中年女性，当她们把伦理作为一生的职责时所面临的困境。

日本也有类似的现象。在日本，离婚率最高的年龄层是在中年以后，就是孩子长大离家后，做妻子的觉得该尽的责任已经尽了，便提出离婚，说：“我再也不要忍受了。”往往会把丈夫吓一大跳。这样的报导愈来愈多，不像我们所想象的年轻夫妻才会离婚。

有人说，这是因为婚姻有很大一部分是为了伦理的完成，当伦理完成以后，她就可以去追寻自我了。但我觉得应该是在充分地完成自我之后，再去建构伦理，伦理会更完整。

小说的最后，警员拿到了搜索令，进去刘老师的房间，发现一个好大的黑色柜子，打开柜子，里面都是洋娃娃的头、手、脚、残破的身体。他没有绑架儿童，他只是搜集了一些破损的洋娃娃，可是这个打开柜子的画面，会给人一种很奇怪的联想。我常在垃圾堆里看到一些人形的东西，例如洋娃娃，一个完整的洋娃娃是被宠爱的，可是当它坏了以后——我们很少注意到，儿童是会对玩具表现暴力，我常常看到孩子在玩洋娃娃时，是把它的手拔掉或是把头拔掉——这些残断的肢体会引起对人与人之间关系奇异的联想。

最后的结尾，我并没有给一个固定的答案，只是觉得这个画面诉说一股沉重的忧伤，好像是拼接不起来的形态。

基督教的故事里，有一则屠杀婴儿的故事。在耶稣诞生时，民间传说“万王之王”（The King of Kings）诞生了，当时的国王很害怕，就下令把当年出生的婴儿都杀死。所以我们在西方的画作里，会看到一幅哭嚎的母亲在一堆婴儿尸体旁，士兵正持刀杀害婴儿。我想，这是一种潜意识，因为杀害婴儿是一种最难以忍受的暴力，称之为“无辜的屠杀”，因为婴儿是最无辜的，他什么都没有做就被杀死了。我以木柜里残破的洋娃娃这样一个画面，试图唤起这种潜意识，引起对生命本能的恐惧，进一步去探讨在我们社会里一些与伦理纠缠不清的个案，借由它去碰撞一些固定的伦理形态——所谓“固定”就是一成不变的，凡是一成不变的伦理都是最危险的。

当埃及“血缘内婚”是一成不变的伦理时，所有不与家族血缘通婚的人，都会被当成乱伦。所以，我们不知道，我们在这个时代所坚持的伦理，会不会在另一个时代被当成乱伦？人类的新伦理又将面对什么样的状况？

先个体后伦理

比较容易解答的是，在清朝一夫多妻是社会认同的伦理，而且是好伦理，是社会地位高、经济条件富裕的人，才有可能娶妾，而且会被传为佳话、传为美谈。可是现在，婚姻的伦理已经转换了。而同一个时代，我们的和在阿拉伯的婚姻伦理也不一样。

我相信，伦理本身是有弹性的，如何坚持伦理，又能保持伦理在递变过程中的弹性，是我认为的两难。大概对于伦理的思维，还是要回到绝对的个体，回到百分之零点零一的个体，当个体完成了，伦理才有可能架构起来。

西方在文艺复兴之后，他们的伦理经历了一次颠覆，比较回到了个体。当然，西方人对“个体”的观念是早于东方，在希腊时代就以个体作为主要的单元。而以个体为主体的伦理，所发展出的夫妻关系、亲子关系，都不会变成一种固定的制约、倚赖，而是彼此配合和尊重。

许多华人移民到欧美国家，面临的第一个困境就是伦理的困境。我妹妹移民美国后，有一次她很困扰地告诉我，她有一天对七岁的小孩说：“你不听话，我打死你。”这个小孩跑出去打电话给社会局，社会局的人就来了，质问她是不是有家庭暴力？我妹妹无法了解，她说：“我是他的母亲，我这么爱他。”她完全是从东方的伦理角度来看这件事。

对我们而言，哪吒之所以割肉还父，割骨还母，是因为身体是我们对于父母的原罪，父母打小孩也是理所当然。可是西方人不这么认为，他们觉得孩子不属于父母，孩子是公民，国家要保护公民，即使是父亲、母亲也不能伤害他。

现在我们的社会也在做同样的事，保护孩子不受家庭暴力的威胁，可是你会发现，我们的家庭仍在抗拒，认为“这是我们家的事”，最后就私了——伦理就是私了，而不是到公众的部分去讨论。

伦理构成中私的部分，“父为子隐，子为父隐”的这个部分，造成许许多多的问题被掩盖了。例如家庭性暴力，有时候女儿被父亲性侵害，母亲明明知道，却不讲的，她觉得这是“家丑”，而家丑是不能外扬的。她没有孩子是独立个体、是公民的概念，所以会去掩盖事实，构成了伦理徇私的状况。

你如果注意的话，这种现象在我们社会中还是存在，这是一个两难的问题。我没有下结论说我们一定要学习西方人的法治观，也没有说一定要遵守传统的伦理道德，我们要思考的是，如何在这个两难的问题里不要让这样的事情再发生。

做父亲的拿掉父亲的身份后，是一个男子；做女儿的去掉“女儿”的身份，是一个女性，而古埃及“血缘内婚”的文化基因可能至今仍有影响力，所以父亲与女儿之间的暧昧关系还在发生，只是我们会认为这是败德的事情、不可以谈论的事。而这些案例的持续发生，正是说明了人之所以为人的原因，人是在道德的艰难里才有道德的坚持和意义。

如果道德是很容易的事情，道德没有意义。我的意思是，做父亲的必须克制本能、了结欲望，使其能达到平衡，而不发生对女儿的暴力，是他在两难当中做了最大的思维。思维会帮助个体健康起来，成熟起来。

从各个角度来看，伦理就是分类和既定价值调整的问题，所以有没有可能我们把“乱伦”这两个字用“重新分类”来代替，不要再用“乱伦”，因为这两个字有很强烈的道德批判意识，而说“人类道德伦理的重新分类、重新调整”，就会变成一个思维的语言，可能古埃及需要重新分类，华人世界里也要重新分类。订定扮演的角色，并且让所有的角色都有互换的机会，会是一个比较有弹性的伦理。

前阵子，我有个担任公司小主管的朋友就告诉我，他觉得太太管女儿太严，他只有一个女儿，对她是万般宠爱，总是希望能给她最好的，可是太太就觉得要让女儿有规矩，要严厉管教。

从这里我们看到，伦理与社会条件、经济条件都有关，伦理不是一个主观决定的东西，而是要从很多很多客观条件去进行分析，得到一个最合理的状况。如果没有经过客观的分析，那么伦理就只是一种保守的概念，在一代一代的延续中，可能让每一个人都受伤。

伦理也是一种暴力？

我们不太敢承认，可是伦理有时候的确是非常大的暴力。我们觉得伦理是爱，但就像我在暴力孤独里丢出来的问题：母爱有没有可能是暴力？如果老师出一个作文题目“母爱”，没有一个人会写“这是一种暴力”，可是如果有百分之零点一的人写出“母爱是暴力”时，这个问题就值得我们重视。

我在服装店碰到一对母女，母亲就是一直指责女儿，说她怎么买这件衣服、那件衣服，都这么难看，所有服装店里的人都听见了，有人试图出言缓和时，这个母亲说：“对呀，你看，她到现在还没结婚。”

我们就不敢再讲话了，我们已经知道这个母亲以母爱之名，什么话都能讲了。这是不是暴力?

这时候，我不想跟妈妈讲话，我想跟那个沉默的女儿说：“你为什么不反抗？你的自我到哪里去了？你所遵守的伦理到底是什么？”

我在一九九九年写《救生员的最后一个夏天》时，我们的社会已经发展到更有机会去揭发伦理的真相，主角发生的事也可能在我们身边发生。

主角 Ming 是个大学生，他的爸爸跟母亲已经分居了一段时间，这对夫妻在大学认识，是很知性的人，从来不曾吵架，他们结婚生子是因为遵守伦理的规律，不是因为爱或什么。

所以当这个父亲最后决定和 Charlie 去荷兰结婚时，他在咖啡厅里和妻子谈，他和妻子都回到了个体的身份，他们把家庭伦理假象戳了一个洞，使其像泄了气的皮球，而我想这是一个漏洞，而伦理的漏洞，往往就是伦理重整的开始。

一个渴望伦理大团圆的人，不会让你发现伦理有漏洞。你看传统戏剧，最后总是来个大团圆，而这个团圆会让你感动，你会发现这是一个无奈的渴望。

你看《四郎探母》这个戏最后怎么可能大团圆，两国交战，杨四郎（延辉）打败了被俘虏，他隐姓埋名，不告诉别人他有个老妈，还是元帅，也隐瞒他有个妻子四夫人，结果番邦公主看上他武艺双全，将他招为驸马，十五年生了一个儿子，夫妻也很恩爱。这已经是一个两难的问题了，一边是母亲，是“百善孝为先”，一边是妻子，也是杀死他的父亲、令他家破人亡的仇人，四郎该如何取舍？

后来，佘太君亲自带兵到边界，四郎有机会见到母亲，只好跟番邦公主坦白。番邦公主才知道原来丈夫是自己的仇家，她威胁要去告诉母后（萧太后）把他杀头，但一说完就哭起来了，到底四郎还是她的丈夫，在伦理的纠缠中，又变成了一个两难的困境。最后番邦公主还是悄悄地帮助四郎，让他见到了母亲。对番邦公主而言，这是冒一个很大的险，因为杨四郎可能一去就不回了。

杨四郎回去之后，跪在母亲面前，哭着忏悔自己十五年来没有尽孝。可是匆匆见一面，他又要赶着回去，佘太君骂他：“难道你不知道天地为大，忠孝当先吗？你还要回去辽邦。”杨四郎在舞台上，哭着说，他怎么会不知道？可是如果他不回去，公主就会被斩头，因为她放走了俘虏。

这里我们看到一个非常精彩的伦理两难，可是到最后不知怎的又变成了大团圆，这怎么可能大团圆，不要忘了他还有一个原配，原配打了他一个耳光后，面临的又是另一个伦理的纠缠。

粉饰太平的大团圆

《四郎探母》为什么用大团圆？因为大团圆是一个不用深入探究的结局。可是如果一个有哲学思维的人，他会把这些伦理道德上的两难，变成历史最真实的教材。

张爱玲看《薛平贵与王宝钏》就不认同最后大团圆的结局。

王宝钏苦守寒窑十八年，靠野菜维生，薛平贵在外地娶了代战公主，回来还要先试探妻子是不是还记得他，是不是对他忠心？因为十八年的分别，早已认不出对方。薛平贵先假装是朋友，调戏王宝钏，才发现王宝钏住在寒窑里不与人来往，苦苦守候着他。后来代战公主出来，对王宝钏说："你是大我是小。"两个人要一起服侍薛平贵，这是大团圆的结局。张爱玲在小说里就写，这个结局好恐怖，面对一个美丽、能干又掌兵权的公主，你可以活几天？

你渴望大团圆吗？还是渴望揭发一些看起来不舒服的东西？

儒家的大团圆往往是让“不舒服的东西”假装不存在。就像过年时不讲“死”字，或是公寓大楼没有四楼；死亡是伦理这么大的命题，不可能不存在，我们却用“假装”去回避。当孔子说“未知生，焉知死”，或者我们平常不说“四”而说“三加一”时，就是在回避死亡，这时候伦理有可能揭发出一些真相吗？我们要粉饰太平地只看大团圆的结局？还是要忍住眼泪，忍住悲痛，去看一些真相？这也是一个两难。

我想，上千年的大团圆文化的确会带给人一种感动，也会使人产生向往，可是伦理不总是那么美好，伦理缺憾的那个部分以及在伦理之中孤独的人，我们要如何看待？

即使我们与最亲密的人拥抱在一起，我们还是孤独的，在那一刹那就让我们认识到伦理的本质就是孤独，因为再绵密的人际网络，也无法将人与人合为一体，就像柏拉图说的，人注定要被劈开，去寻找另一半，而且总是找错。

大团圆的文化是让我们偶尔陶醉一下，以为自己找到了另一半，可是只要你清醒了，你就知道个体的孤独性不可能被他者替代了。但不要误会这就没有爱了，而是在个体更独立的状态下，他的爱才会更成熟，不会是陶醉，也不会是倚赖。成熟的爱是倚靠不是倚赖，倚靠是在你偶尔疲倦的时候可以靠一下，休息一下，倚赖则是赖着不走了。

我们常常把伦理当作倚赖，子女对父母、父母对子女都是。我看到独生子女，受到父母、爷爷奶奶、外公外婆的宠爱，有人觉得这样很幸福，我却觉得很可怕，因为当孩子长大后，这些人会反过来倚赖他，那是多么沉重啊！

当我们可以从健全的个体出发，倚靠不会变成倚赖，倚靠也不会变成一种常态，因为自己是可以独立的，不管对父母、对子女、对情人、对朋友，会产生一种遇到知己的喜悦，而不是盲目的沉醉，如此一来，所建构出来的伦理也会是更健全的。

打开自己的抽屉

伦理孤独是当前社会最难走过的一环，也最不容易察觉，一方面是伦理本身有一个最大的掩护——爱，因为爱是无法对抗的，我们可以对抗恨，很难去对抗爱。然而，个体孤独的健全就是要对抗不恰当的爱，将不恰当的爱做理性的分类纾解，才有可能保有孤独的空间。

孤独空间不只是实质的空间，还包括心灵上的空间，即使是面对最亲最亲的人，都应该保有自己孤独的隐私。

要保有自己的心事，即使是夫妻，即使是父母与子女，就像在《因为孤独的缘故》里，中年妇女“我”因为儿子诗承没有告诉她自己认识了一名警察，而且彼此有过一段愉快的相处，也会感到不舒服。可是对儿子而言，这是他生命中重要且美好的部分，他可以把这件事放在心灵的抽屉里，不一定要打开它。

西方心理学会主张，要把心理的抽屉全部打开，心灵才会是开放的，可是我觉得个体是可以保有几个抽屉，不必打开；就像我在写作画画的过程中，是不会让别人来参与，我觉得这样才能保有创作的完整性，得到的快乐也才会是完整的。同时，我也尊重他人会有几扇不开启的抽屉。一个不断地把心神精力用在关心别人那些不打开的抽屉的人，一定是自我不够完整的人，他有很大很大的不满足，而想用这种偷窥去满足。

我认为这个社会，需要把这种偷窥性减低，回过头来完成自己。可是我们回顾这几年来媒体新闻的重大事件，都是在想着打开别人的抽屉，而不是打开自己的抽屉，而且乐此不疲，这是一件很危险的事情。

在二〇〇二年的最后几天，我开始在想，我自己有几个没有打开的抽屉，里面有什么东西？别人说："你这么孤独呀？只看自己的抽屉。"我会说："但这种孤独很圆满，我在凝视我自己的抽屉，这个抽屉可能整理得很好，可能杂乱不堪，这是我要去面对的。"

我相信，一个真正完整快乐的人，不需要借助别人的隐私来使自己丰富，他自己就能让生命丰富起来。

在破碎重整中找回自我

没有思维的伦理很容易变成堕落，因为太习以为常。例如想到婆媳关系，就联想到哭哭啼啼的画面，可是现代人的婆媳关系是可以有更多面向的。如果你觉得在一个传统固定的伦理里待太久了，思想会不自觉地受到传统伦理的制约，我会建议你去看阿尔莫多瓦（Pedro Almodovar）与帕索里尼（Pier Paolo Pasólini）的电影，你就有机会去整顿自己，可是你一定会骂："怎么要我去看这种电影？"

我自己在一九七六年看到帕索里尼的电影时，也是一边看一边骂，我骂他怎会把艺术玩到这种地步，你看他的《美狄亚》《十日谈》《索多玛的一百二十天》会觉得毛骨悚然，他会让你看到一个背叛美学的东西，我记得首映时，很多人看到吐出来了。而西班牙导演阿尔莫多瓦的《我的母亲》这部片，完全就是伦理的颠覆，可是里面有种惊人的爱，他在变性人、艾滋病人、妓女身上，看到一种真挚的爱，与我们温柔敦厚的伦理完全不一样。

我自己在阿尔莫多瓦与帕索里尼的电影里，可以完全撕裂粉碎，然后再回到儒家的文化里重整，如果不是这个撕裂的过程，我可能会陷入“父为子隐，子为父隐”的危险之中。任何一种教育如果不能让你的思维彻底破碎，都不够力量；让自己在一张画、一首音乐、一部电影、一件文学作品前彻底破碎，然后再回到自己的信仰里重整，如果你无法回到原有的信仰里重整，那么这个信仰不值得信仰，不如丢了算了。

期盼每一个人都能在破碎重整的过程中找回自己的伦理孤独。